全域增长书系

私域，
你做的可能是"假的"

■■■■■ 黄生 Winny◎著 ■

电子工业出版社

Publishing House of Electronics Industry

北京·BEIJING

内 容 简 介

本书从私域顶层架构、实操方法、案例剖析等多个方面，全面赋能品牌快速且系统地掌握三大类私域，即直营型 C 私域、分销型 B 私域、线下实体店私域。本书对做各类私域的关键环节，包括如何准确地找到核心商业问题、如何高效地获得私域的初始流量、如何提高转化率、如何提高单客价（非客单价，本书会有详细说明）、如何挖掘和培养 VIP 会员（大客户）与 B（分销者或代理商或加盟店）都做了详细介绍，并用生动的案例帮助读者理解，同时提供了可复制的运营、销售、培训、招商等方法。

本书适合希望布局私域（包括希望创新性地布局线下直营店和加盟店）的一二类电商品牌、品牌连锁店、新消费项目、传统零售企业的管理者阅读，也适合追求职业发展和财富积累的个人读者阅读。

图书在版编目（CIP）数据

私域，你做的可能是"假的"/黄生，Winny 著. —北京：电子工业出版社，2022.1

（全域增长书系）

ISBN 978-7-121-42336-9

Ⅰ. ①私… Ⅱ. ①黄… ②W… Ⅲ. ①网络营销 Ⅳ.①F713.365.2

中国版本图书馆 CIP 数据核字（2021）第 232716 号

责任编辑：石　悦
印　　刷：三河市龙林印务有限公司
装　　订：三河市龙林印务有限公司
出版发行：电子工业出版社
　　　　　北京市海淀区万寿路 173 信箱　　　邮编：100036
开　　本：720×1000　1/16　印张：18.25　　字数：242 千字
版　　次：2022 年 1 月第 1 版
印　　次：2022 年 2 月第 3 次印刷
定　　价：89.00 元

凡所购买电子工业出版社图书有缺损问题，请向购买书店调换。若书店售缺，请与本社发行部联系，联系及邮购电话：(010) 88254888，88258888。

质量投诉请发邮件至 zlts@phei.com.cn，盗版侵权举报请发邮件至 dbqq@phei.com.cn。

本书咨询联系方式：(010) 51260888-819，faq@phei.com.cn。

前言

你是否有以下困惑：听过不少关于私域的案例或分享，感觉都很有道理，但结合自己的品牌却经常感觉无从下手？根本原因在于你并没有私域的顶层架构，所以没有办法对别人的经验进行科学的归纳并结合自己的具体情况学以致用。

本书是作者对多年私域实践的总结，基于 100 多个品牌[1]及个体创业者的私域经验，既提供了有借鉴意义的私域顶层商业架构模式，也提供了关键环节的实操方法论，具有极强的可执行性。

本书主要有以下几个特色。

（1）私域整体结构的顶层设计。本书从宏观层面对私域做了系统定义，并将私域分为三类，即直营型 C 私域、分销型 B 私域、线下实体店私域，详细分析了各类私域的底层逻辑、实现路径及做私域的正确思考方式。

（2）一套系统且科学的方法论。本书对做各类私域的关键环节，包括如何准确地找到核心的商业问题、如何高效地获得私域的初始流量、如何提高

---

[1] 本书中的"品牌"也指"品牌方"。

转化率、如何提高单客价（非客单价，本书会有详细说明）、如何挖掘和培养 VIP 会员（VIP 会员是指大客户）与 B（B 是指分销者或代理商或加盟店），都做了详细介绍，并用生动的案例帮助你理解，同时提供了可以复制的运营、销售、培训、招商等方法。

（3）详细梳理了腾讯私域矩阵。本书帮助你了解腾讯私域矩阵有哪些重要的触点、它们分别适用于什么样的运营场景，以及不同规模和发展阶段的项目应该如何选择合适的触点。

（4）还原和拆解了有代表性的实战案例。本书既拆解了头部品牌的私域案例，也还原了优秀创业者的创业历程。

本书既是品牌做私域的操作指南，也是打造个人 IP，实现财富倍增的说明书。建议你反复阅读，然后选择一些适合自己的方法，结合自己的情况好好实践。如果你使用本书所写的方法取得了好成绩，请一定告诉我们。

"私域"又称为"社交新零售"。做好私域的核心是"先做朋友再做生意，把生意生活化"（这也就是其为什么叫社交新零售，而不叫零售新社交）。

本书有以下两个重点的概念，希望你在阅读的过程中不断思考。

（1）终身消费价值。终身消费价值就是本书中提到的"单客价"，区别于"客单价"，是指一个客户在你这里长期消费的总金额。

（2）社交资源价值。社交资源价值就是本书中提到的"分销型 B 私域"的 B 和"直营型 C 私域"的 KOC（Key Opinion Consumer，关键意见消费者）贡献的价值，是指一个人能够影响别人花多少钱。

如果你觉得本书特别有用，那么欢迎将它推荐给你认为需要它的朋友和同事。本书可以为品牌的战略布局和个人的职业发展提供帮助。

1. 品牌的战略布局

做私域，对于品牌增长而言，到底是战术还是战略？

我与 200 多位品牌创始人和高管探讨了这个问题。在刚开始的时候，答案不明晰。大部分品牌，尤其是国际大品牌的疑问都是"我到底适不适合做私域？"

到了 2020 年，在新冠肺炎疫情的影响下，品牌对做私域的诉求突然变得急迫，都很想做好私域，但是不知道该怎么做。

尤其到了 2021 年，几乎所有品牌的问题都变成了"我到底该怎么做私域？"

现在，品牌面对的问题不是要不要做私域，而是怎么做好私域！

我们以前认为，销售额超过 10 亿元的品牌只能诞生在天猫、京东，但是现在在微信里陆续出现了销售额超过亿元的品牌，甚至超过 10 亿元的品牌不断涌现。

传统头部品牌的私域销售额占比开始达到 10%～15%，这和 2000 年年初阿里系电商品牌化的进程非常相似。

这意味着什么呢？

这意味着，整个腾讯系已经作为第五大电商体系在崛起！这个以万亿规模为基础的私域电商新赛道正在加速迎来爆发期。

因此，做私域是品牌对增长阵地的战略选择，而不是一个战术。

为什么做私域是品牌破局增长的必然之选？

"一切生意的本质是流量，一切交易的基础是信任。"这句话或许给私域的价值做了最好的诠释。

第一，从流量端来说，哪里的流量成本低，哪里就有品牌增长的沃土。微信和 WeChat 拥有超过 12 亿月活，每个用户平均每天打开微信至少 6 次。这么强的用户黏性是大多数 App 达不到的。用户在哪里，品牌就应该在哪里。

第二，信任是一切交易的基础。消费者信任谁，就会从谁那里买产品，或者听谁的推荐而买产品。微信作为一个主打熟人社交功能的 App，集合了最强的信任，一旦商业化的能力健全，就会拥有巨大的商业力量。

第三，如果把时间轴拉长，私域的兴起过程和淘宝的兴起过程非常相似。2003 年，淘宝兴起，10 年间大批淘品牌崛起，韩都衣舍、三只松鼠、百草味等是其中的佼佼者。2012 年，天猫成立，品牌开始入驻天猫。现在几乎所有大品牌都会开设天猫旗舰店。

美妆头部品牌的电商销售额已经占总销售额的 40%以上。

尽管现在还有很多品牌，尤其是大型国企和外企，对私域不太理解，甚至认为做私域不适合品牌运营。但现在在微信端年销售额超过 10 亿元的美妆品牌已经超过 10 个了，年销售额超过 1 亿元的品牌有几千个。这些早期的私域品牌很像早期的淘品牌。

在新冠肺炎疫情期间，几乎所有的品牌都在 2020 年开始尝试做私域了。

尤其在传统行业和严重依赖线下实体店服务的行业中，私域已经成为其数字化转型的快车道。

从企业的私域实践来看，无论是线上互联网品牌，还是线下的实体店，都可以在做私域的过程中破局增长，重获新生。

一家开在福建沙县步行街上的 100 平方米的母婴店，在连续亏损两年左右后，从 2017 年开始做私域，仅用了两年时间，年销售额就从 200 万元增长到 1500 万元左右，并且利润翻倍！

一家只有 7 个人的女装工作室，通过线上私域运营和招募加盟商，年销售额超过 1 亿元，并且年退货率不超过 3%，不到电商平台上服饰品牌平均退货率的 1/10。

电商平台上的品牌，从 2017 年开始，增长已经越来越难，流量成本越来越高。要实现增长，除了要解决流量成本增加的问题，更重要的是提高复购率和客单价。

阿芙精油从 2018 年开始全力做私域。2019 年 6 月，阿芙精油的天猫旗舰店就实现了销售额同比增长 300%，利润翻倍。阿芙精油把线上和线下打通，通过私域，把线下实体店的流量成本降低了 70%。

大型企业在整体零售中的体量和影响力是巨大的，转型做私域是实现数字化升级的捷径。2021 年以后将是大型企业在私域领域发力的黄金期。

湖南卫视快乐购，通过做私域，活跃会员数增加了 5 倍，单日超级单品的销售额涨了两倍多，全年销售额增长超过 1 亿元。

波司登通过私域赋能，2020 年销售额同比增长了 20 亿元，利润率提高了 30%。

江苏南通的龙头企业文峰大世界，在新冠肺炎疫情期间，从 0 开始做私域。虽然实体店从 45 家减少到 13 家，但销售额环比增长 300%。2021 年，它的私域销售额超过 1 亿元。

做私域，已经成为品牌增长的必然选择！

本书将深度解读三大私域（直营型 C 私域、分销型 B 私域、线下实体店私域）的顶层架构和可复制的方法论，并详细拆解大量的实操案例，帮助企业实现 30%，甚至 300% 的销售额增长。建议你反复阅读。

2. 个人的职业发展

从平台电商到微博、公众号、小红书、抖音、快手等社交媒体平台的出现，既成就了一批新锐品牌，也让一部分新赛道的领跑者获得了巨大的红利。

2020 年，腾讯的电商生态产品体系逐渐成熟。腾讯官方把 2020 年定义为"私域业态的元年"。

私域，是未来 10 年，甚至 20 年最大的红利赛道。品牌和个人都应该认真学习私域的运营方法和技巧，学习如何经营好自己的私域。

有私域的品牌是抗风险能力最强的品牌。如果品牌有 10 万个忠实粉丝，那么年收入超过 1 亿元，并且有可观的利润率是没有大问题的。

懂得运营私域的人才可能会是职场上最值钱的人。

对于个人来说，只要你在某个方面有过人之处，能为别人带来价值，就有可能成为一个有变现能力的 IP。如果你的朋友圈里有 1000 个愿意为你付费的粉丝，那么你完全可以实现年收入百万元以上。

从这个角度来看，每个人学习做私域都是在投资自己的未来。因为我们的职业发展和个人财富积累的速度往往是与行业的发展趋势交织在一起的。

目录

第1章

私域行业概述

1

"私域"是当下最火的话题。可惜的是，很多企业和品牌都是在用做公域的思路做自己的私域。我们暂且称这种私域为"假私域"。这和本书要讲的"真私域"有着本质的区别。真私域主要分为三大类，即直营型 C 私域、分销型 B 私域和线下实体店私域。

1.1　商业模式变革

1.1.1　私域是商业模式

"真私域"不是流量载体，而是更高效的商业模式。

自从 2018 年"私域"这个概念诞生开始，我们就对它有些误解。最初，我们认为私域是相对于公域而言的更低成本，甚至免费的流量载体。其定义是"不用付费，可以在任意时间，用任意频率直接触达客户的流量载体。"

从"更低成本的流量"这个角度出发，我们自然追求的是"转化率"和"客单价"。因此，从 2019 年开始，尤其在 2020 年新冠肺炎疫情发生后，大量商家把客户拉到微信群里，以低价、秒杀作为主要的营销方式。

可惜的是，在疫情刚开始时，建群做促销活动确实是有效的，但这个有效性仅仅是因为品牌和客户又重新建立了联系。很快，各品牌的微信群运营就陷入了窘境。

认为"可以在任意时间，用任意频率直接触达客户"，就造成了品牌的运营人员在朋友圈、微信群和直播间等触点，不停地用广告信息和促销信息"轰炸"客户，反而贬损了品牌的价值，降低了品牌的利润，甚至让客户离品牌越来越远。

那么，我们应该如何正确地理解和充分开发"私域"的价值呢？私域能火多久呢？私域，在国外被称作 DTC（Direct To Consumer，直接面对消费者）。在社交媒体极度发达的今天，用户已经成为品牌增长的第一动力。在公域的语境里，所谓的以用户为中心都是"假的"，很难实现。只有在私域里，品牌才真的回归到了"以用户为中心"。因此，私域不是流量载体，而是一种从用户角度思考的思维方式。如果从用户的角度去思考商业模式的构建，那么经营方式完全不同，效率也是完全不同的。

2021 年，品牌对私域不再只是观望，而是在积极探索到底应该怎么做才能把私域做得更好、私域对品牌价值的天花板到底在哪里。

要想知道私域对品牌价值的天花板在哪里，我们首先要从正确地理解到底什么是"真私域"、为什么私域是更高效的商业模式开始。

1.1.2　公域流量的挑战

我们来看一下传统的商业模式是怎么构建的。

在传统的商业模式中，销售额（GMV）=流量×转化率×客单价。这个公式是我们最熟悉的，但是在这个公式中，越来越多的商家面临的困境是，销售额减掉成本可能小于 0。也就是说，我们辛辛苦苦做成交，不但不赚钱，甚至还可能赔钱赚吆喝。

尤其在电商平台上的大量商家，在各种大促活动和直播带货中，看似做得很红火，但是亏钱，没有利润。为什么呢？

因为一旦客单价增加了，转化率就下降了。而转化率的提高或者保持，更多的是以价格降低作为前提的。尤其在"618"、"双十一"和头部主播带货的情况下，价格几乎成了决定性要素。

第一大挑战：获客成本

在公式中，低成本地获得更多的流量，才是企业具有竞争力的决定性要素。令人头痛的是，获客成本（流量成本）一直在不断上涨。行业不同，获客成本不同。比如，医药行业的获客成本是 200～300 元/人，婴儿配方奶粉行业的获客成本大概是 700 元/人，互联网金融行业的获客成本是 1000～3000 元/人，医美行业的获客成本大概是 4000 元/人，保险行业的获客成本大概是 8000 元/人。

这些获客成本是疫情暴发前的，现在又上涨了很多。受到获客成本困扰的，不只是品牌，电商平台也同样陷入了困境。

在 2019 年第二季度的时候，拼多多的获客成本是 153 元/人，淘宝的获客成本是 535 元/人，京东的获客成本是 758 元/人，唯品会的获客成本是 267 元/人。现在，获客成本还在持续上涨。

第二大挑战：流量的复用率太低

品牌花了这么大的代价获得新客户，客户价值是否得到了充分开发呢？客户价值开发的效率，决定了利润空间。在公域流量的商业模式中，客户的开发价值太低。

（1）在电商平台上，我们的广告投放是重复获客的。在商家看来，只有把广告投放给老客户，转化率才高。把广告投放给新客户，投资回报率（ROI）一直被认为是很低的。但这个不断把广告投放给老客户的过程，意味着我们在不断地花钱重复获客。

（2）线下实体店也一样。实体店租金就是获客成本。如果我们只运营进店客流，花费了大量租金在更好的地段开店，来的还是那些人，那么我们也在重复获客。

（3）拉新的 ROI 低的很关键因素是，在公域里评估拉新的 ROI 看的是单次的成交结果，而不是拉新后经过对客户生命周期的运营管理带来的终身消费价值。

第三大挑战：复购率低

在获客成本不断上涨的今天，只有客户可以不断地复购，客户价值才得到了更大的开发。但现实情况是，客户往往只消费一次。

现在的产品种类极大丰富，产品之间的同质化越来越严重，再加上各平台、各主播销售的价格不同，客户很容易转移购买阵地，或者转换购买的品牌和产品。公域平台上的平均复购率大约是 10%。

如果客户不复购，那么品牌的所有广告投放都是成本。如果客户可以持续地复购，那么品牌的广告投放就成了投资，品牌的增长和利润提高才是有想象空间的。

第四大挑战：客户只购买更低价格的产品

在公域电商平台上，客户很容易购买更低价格的产品。

整个平台电商的逻辑都是搜索逻辑。当客户搜索某个产品的时候，在同一个页面中将会出现不同店铺里不同价格的同一个产品，甚至出现类似产品的推荐链接。客户往往容易选择价格更实惠的产品进行购买。

随着直播电商的兴起，各主播都在寻求以更低的价格来获得直播间粉丝的关注。

所以，客户在面对多重选择的情况下，第一选择是比价，而不是产品本身，更不是品牌认知。客户的忠诚度会越来越低。

第五大挑战：客户转介绍率低

在公域里，如果客户对产品和服务不满意，就会投诉。但即使得到了很好的产品和服务，他也不一定愿意转介绍。

在公域里，客户的转介绍率只有1%~3%。

为什么客户不愿意转介绍呢？主要有以下3个原因：一是，现在客户的注意力极度分散，很难聚焦在某一个产品上，并且很容易被"网红"产品所影响。客户对品牌的忠诚度不断降低。二是，不管是转介绍到电商平台，还是转介绍到实体店，客户转介绍成功实现的过程都是很复杂的。三是，如果客户对产品体验和服务体验不确定，就不敢轻易转介绍。

总结：在前面的五大挑战下，品牌的运营成本不断上升。这导致了获客成本在上升，人力成本在上升，物流成本在上升，产品成本在上升，但品牌的销售额没有随之上升，品牌的利润率不断下降，甚至"赔钱赚吆喝"。

1.1.3 做私域易踩的五个"坑"

第一个"坑"是没有把做私域上升为一把手工程，并且没有足够的耐心。做私域是重新构建品牌和消费者的连接方式与互动方式，涉及财产、销售、供应链、研发、内容等，其目的不只是在微信端销售。如果私域负责人不能高效调度内容资源，或者得不到专项团队的支持，那么私域项目很可能会无疾而终。

另外，私域流量的运营是全新的领域，而且有 3~6 个月缓慢爬坡的过程，需要时时复盘和迭代优化。

这就需要私域负责人完全将注意力放在私域项目上。如果私域负责人同时兼顾几个项目，就只会不经意地做"擅长"的事情，而不是做有不确定性的创新项目。

第二个"坑"就是产品体系没有设计好。 在做私域的时候，一定要设计好产品体系。如果只把公域的产品体系照搬到私域，那么对于大部分产品线比较单一的品牌来说，往往容易出现公域、私域在价格上的竞争和分歧。

私域的产品体系需要至少分出 4 类。

引流品是什么？成交爆品是什么？利润品是什么？关系品是什么？我们至少要分出这 4 类产品，这样才能把客户的价值一层一层地挖掘出来。

我们要用引流品让客户关注到我们的产品和服务，将他转化成我们的私域粉丝，然后通过运营让他购买，慢慢地让他成为我们的会员，再让他成为高级会员，未来甚至还可能把他发展成分销商。这个客户价值的挖掘路径是需要相应的产品组合来配合才能实现的。

成交爆品是指容易让客户在私域里第一次购买的产品。客户在进入私域后，如果没有购买任何产品，那么他只是私域粉丝。只有客户在私域里消费，他才是私域用户。因此，我们需要设计一款容易让客户购买的成交爆品，帮助客户在私域里做出第一次消费的决策。

利润品很重要。通常引流品和成交爆品都是不赚钱，甚至稍微赔钱的。我们需要利润品来承接，以保证品牌的利润空间。

关系品是为了与客户建立和加强关系而设计的。关系品往往是只送而不卖的，类似于传统线下零售的赠品。

如果产品线比较单一（比如，主要卖牛奶），单品规格非常少，而且价格透明，利润薄，运费高，那么企业可以通过组合的月卡、季卡、年卡等产品来实现会员关系的递进。

第三个"坑"就是高估了自己对产品和品类知识的了解程度。 比如，我们在刚开始做某进口知名儿童奶私域营销的时候，就踩了很大的坑。这款儿童奶是进口的，且在商超里及天猫、京东等平台上销售额都排在进口儿童奶的前三名。我们一直认为儿童奶是一个大众产品，而且我们的儿童奶口碑一直很好，在私域里肯定能卖得很火爆。

结果在做儿童奶社群推广的时候，却遭受了社群里宝妈的各种质疑。原因是，在儿童奶的包装上有"调制乳"三个字。因为这款儿童奶添加了 DHA（卵磷脂），所以按照法规的要求，就必须在包装上注明调制乳。

很多宝妈都分不清楚调制乳和复原乳这两个概念。她们的质疑是，"你们卖的不是纯牛奶吗？为什么你们的儿童奶上会有调制乳字样？调制乳是不是跟复原乳一样？"

虽然我们极力解释这是法规的要求，但是仍然有部分宝妈认为这款儿童奶是有添加剂的、对宝宝不好。还有的宝妈问："为什么有甜味？这个甜味到底对牙好不好？"

这些宝妈问的问题，是我们没有准备好的，而且我们没有在第一时间回答她们，导致在有些群里受到很多质疑。我们的运营人员也开始对产品没有那么自信了。后来，我们仔细地收集了私域用户及全网各平台宝妈对儿童奶提出的各种问题，找到专家做好了回复的 SOP（标准作业程序），后期的运营才比较顺利。

第四个"坑"是别人的私域，并不一定是你的私域。 相信很多人会认为只要把人拉到私域里来，就可以卖产品。

实际情况并不是这样的。下面列举一个我们的错误示范。

当时，我们觉得自己培养种子用户太慢，就找各种社群合作来推广一款进口的儿童奶。我们找了 100 多个学生学习群和一些学校的家长群（比如中学家长群）来合作。我们以为自己的产品好，又做的是非营利活动，把活动海报发到社群里效果一定很好。结果发现，当我们把活动海报发到社群里的时候，要么被认为发广告，群主收到了来自社群里宝妈的投诉，把我们"踢掉"了，要么活动海报发出后石沉大海。

我们往几十个社群里发了活动海报，发现几乎没有效果。

别人的私域，并不一定是你的私域。所以，你千万不要认为可以随便发社群广告。要想有效果，一定要经过社群群主和群里核心成员的引荐和测试。如果产品经过群主的引荐，有 KOC（关键意见消费者）尝试后认同了产品，并且在社群里有 KOC 帮助推广，那么这个产品才有可能卖得好。我们随便把儿童奶营销活动发到一个学习群里，这个学习群的场景是学习打卡，而不是买牛奶，场景完全不一样，所以结果完全不一样。

最靠谱的私域，一定是自己运营的。这样，粉丝才会有信任度和忠诚度。强烈建议每一个品牌的创始人或者高管，一定要躬身入局，和私域客户深度沟通一段时间，在整个项目冷启动的 3~6 个月最好亲自带队。这样才能真的把私域变成企业增长的第二曲线。

最后一个"坑"是，在做私域的时候，最重要的并不是工具、运营、销售，也不是团队，而是顶层架构的设计。把私域做到极致就是商业模式的升级。

私域，说到底，都建立在客户对我们深度信任的基础上：一切生意的本质都是流量，一切交易的基础都是信任。我们要想实现 VIP 会员（重点指大客户）和 B（分销者或代理商或加盟商）的挖掘和培养，最重要的事情就是不断加深与他们之间的信任关系，要和他们像朋友一样。信任越深，转化率越高；信任越深，客单价越高；信任越深，他们就越愿意做好分销和副业。

因为私域概念的普及时间还比较短，所以业界做私域成功的案例较少。因此，品牌对于私域有很多误解和困惑。在过去一年多的时间里，大量的品牌和企业在找我们咨询的时候，都会问一些类似的问题，比如：

（1）私域，是不是微信群？

（2）在私域里是不是只能做低价秒杀活动，而不能卖高客单价的产品？

（3）在私域里是不是不适合卖低频率购买的高客单价产品？

（4）在私域里是不是只能卖货？能不能做品牌建设呢？

（5）在私域里如何做分销？与微商、直销、社交电商的区别是什么？

（6）是不是一定要有非常大的粉丝基数才可以做私域？

对于这些问题，相信你在看完本书后，都会得到答案。

1.1.4　创新的新品上市策略

新品上市，对于品牌的增长至关重要。

品牌每年约 70%的预算，都用于新品上市。但可惜的是，品牌新品上市的成功率不到 10%！新品上市的成功率，与在上市前期及上市初期的用户调研、试用、反馈直接相关。所以，传统大品牌上线一个新品至少需要 18 个月，甚至 24 个月。现在由于互联网新锐品牌的新品上市速度非常快，各品牌都极大地压缩了新品上市的时间周期。如果前期没有足够的用户调研和产品调整，那么上市后出现各种问题的概率就极大提高了。新品上市失败对于品牌整体的商业链路的影响是巨大的。

因此，在有限的时间内，很多品牌开始把新品上市前的用户调研放到了私域里。在新品上市的测试方面，Babycare 的做法非常值得借鉴。

Babycare 在 2020 年的时候，已经积累了 200 万个粉丝，并且用了一年的时间在私域里建立起了一套相对完整的私域新品测试和新品冷启动的流程。Babycare 在 2020 年仅在私域中冷启动的新品，就给天猫旗舰店的销售额带来超过 2000 万元增长。

基本流程是，当开始开发新品的时候，Babycare 就在私域的粉丝群里做用户调研。在用户调研后，Babycare 调整产品，再招募粉丝试用新品。

招募粉丝、试用新品、用户的好评，都让私域里的全体粉丝看到。Babycare 一步步地在私域里"种草"。经过用户试用、反馈，调整产品完毕后，Babycare 就会以内购的形式招募粉丝用天猫的测试链接购买。这一步非常关键，测试用户的真实购买意向，让用户用钱来投票，最能选出用户真正想买的产品。

根据私域粉丝真实支付的数据，Babycare 的新品再到天猫旗舰店上新的成功概率会极大提高。Babycare 的供应链团队很高效，一年会有 1 万多个 SKU（库存量单位）出现在私域中。除了新品上市，Babycare 还可以通过私域快速消化不成功的单品，让成功的单品卖得更好，所以整个运营成本尤其是供应链的运营成本会大大下降。公域和私域互相反哺，整个品牌的经营效率和势能不断提高。

1.2 假私域vs真私域

1.2.1 如何赚钱

做假私域往往直接顺延了做公域的逻辑，赚钱靠投放（广告），且以售后为主，靠静默下单变现。这完全就是公域的流量逻辑，主要追求的是客单价。然而，做真私域，因其本质是要面对一个个活生生的微信好友而非流量（私域目前主要是微信生态，其中最有价值的是微信好友），自然就应以售前为主，也就是赚钱靠销售，主要追求的是单客价。

名词解释：客单价，即一个客户在你这里单次消费的总金额。

单客价，即一个客户在你这里长期消费的总金额。单客价高代表了一个客户购买一个品牌更多、更贵的产品，且购买时间更长，也就是客户买更多，买更久，买更贵！例如，第5章详细介绍的豪车代购公司豪车毒的客户，最初是在手机上买豪车的。后来，客户又能在豪车毒买生蚝、游艇、豪宅、豆浆、油条，甚至抖音培训课。豪车毒通过不断地和客户建立信任，通过产品体系的打造，把客户的单客价做到极致。

单客价，就是LTV（Life Time Value，生命周期价值），是在互联网行业中评估粉丝价值最重要的一个指标。与追求单次转化率相比，经营好客户的 LTV，才是更有价值的。

对于单一品类来说，如何提高客户的单客价呢？举个例子，如果主要产品是牛奶，企业就需要借助周期购的概念，把客户只喝一次牛奶，变成每天都要喝、每个月都要喝、每个季度都要喝、每年都要喝。这样就可以在私域里卖周卡、月卡、季卡和年卡。

单客价越高的客户，就越是品牌的 VIP 会员。

1.2.2　"群不活跃/死群"的困扰

做假私域赚 C（客户）的钱。从某种意义上来说，C 和品牌之间是天然对立的，所以企业和品牌做假私域总会遇到"群不活跃/死群"的困扰。然而，做真私域赚的是 VIP 会员的钱。由于他们已经持续花了不少钱，跟品牌之间的黏性自然就高了很多，所谓不活跃的困惑问题很容易迎刃而解。B 就更不用说了，跟品牌是一条心的。做得好的 B 反倒希望品牌更活跃一些，多给他们赋能，可见其活跃度根本就不是问题。

1.2.3　真私域的壁垒

随着时间的推移，VIP 会员和 B 能不断地为品牌构筑核心壁垒和提高抗风险能力，但 C 不行，他们很容易放弃一个品牌而选择其竞品，且 C 的获取成本只会越来越高（这就是公域的流量逻辑带来的巨大风险）。

1.2.4 搭建团队

目前，很多品牌一说到私域，就说要建私域运营中心。综上所述，也许他们更应该建立的是私域销售（大客户）中心或者私域招商（大代理商/加盟店）中心。其中的销售，更多的是指"顾问式销售"或"服务式销售"。

1.2.5 分类概述

1. 直营型 C 私域

直营型 C 私域适合绝大部分企业和品牌，包括线上品牌和线下品牌。对于线上品牌来说，做 C 私域就是真正拥有了自己的客户资产。对于线下实体店（线下零售业和线下服务业）来说，做 C 私域就是在"地网"（指线下实体店）之上新增了"天网"（指线上电商），加宽了品牌护城河。

对于品牌来说，做 C 私域，本质就是关心客户（超级客户、VIP 会员）数量和业绩。接下来，本书将从这个角度剖析 C 私域的各个核心业务和环节，帮助品牌快速掌握如何起盘（起盘是指正式开始做私域前做所有准备工作）或优化，把控核心节点。

2. 分销型 B 私域

对于分销型 B 私域来说，企业和品牌在交付产品与服务的同时，把品牌经营模式和权利也授权出去了，显著特点是规模容易指数级倍增。同时，品牌还能借助 B 私域中带实体属性的 B，快速发展其线下连锁店业务，搭建出一张"地网"，因此新增了品牌核心壁垒和第二增长曲线。

对于品牌来说，做 B 私域，本质就是关心分销者（大代理商、大加盟商）数量和业绩。接下来，本书将从这个角度剖析 B 私域的各个核心业务和环节，帮助品牌快速掌握如何起盘或优化，把控核心节点。

3. 线下实体店私域

线下实体店私域属于"地网"+"天网"的组合，本质就是 C 私域或者 B 私域，不同之处在于实体店有本地物理空间属性和面对面服务属性，会有一些特殊的架构和策略的调整与优化。

对于品牌来说，做线下实体店私域，本质就是关心上门量和业绩，而不是全网流量皆要（但做纯 C 私域和 B 私域是要的）。接下来，本书将从这个角度剖析线下实体店私域在基于 C 私域或 B 私域之上的特殊架构和策略，帮助品牌快速掌握如何起盘或优化，把控核心节点。

1.3　腾讯私域矩阵

在 2019 年以前，微信朋友圈和微信群确实是做私域最重要的载体。自从 2019 年 12 月起，随着腾讯的两大产品——企业微信和腾讯系直播产品的重大升级，腾讯系的八大私域产品体系逐渐成熟。接下来具体介绍到底在腾讯系里有哪些私域流量矩阵。

私域，你做的可能是"假的"

1.3.1　从流量思维到触点思维

图 1-1 所示为腾讯官方给出的八大产品矩阵，其也被称作腾讯系的私域流量地图。

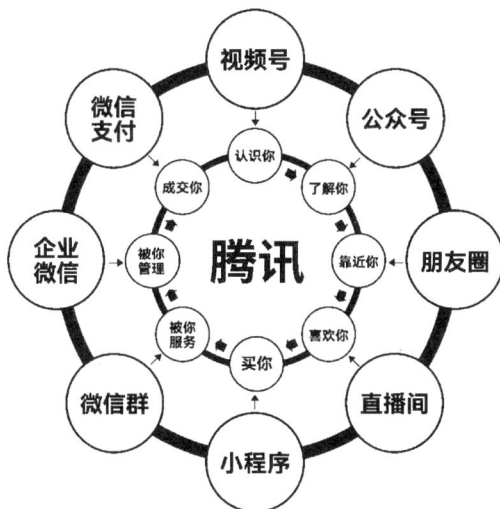

图 1-1

在这张地图里，每一个产品其实都是我们跟客户接触的一个触点。我们和客户接触的触点越多，打动客户的可能性就越大。这用营销传播理论来理解，就是客户在一段时间内，和同一个信息接触 7 次以上，就会产生思维转换和购买冲动。

如果触点单一，严重依赖某一个触点，就会导致对客户的信息轰炸和骚扰。

为什么以前有些人对微商和"代购"反感？因为当时微商和"代购"与客户接触的触点，只有朋友圈和微信群，所以他们只能一天发几十条朋友圈内容和群消息，希望通过更高的频率不停地被客户看到。而这样的刷屏行为，很容易让客户将其拉进黑名单、屏蔽其消息或者退群。

今天，我们有了公众号、视频号、直播间、小程序、企业微信，不用在一个触点上频繁地打扰客户，而是通过巧妙布局让客户可以多次看到我们发布的统一信息。

如果我们的触点布局合理，再加上品牌自有的触点（比如品牌的天猫店铺、品牌客服、传单等），那么当客户在不同的触点看到我们发布的相对一致的品牌信息时，就更加容易产生信任和记忆。

同样，我们从触点出发，与客户建立永不失联的连接，是更重要的，而不能追求单次的转化率。只要客户在我们的私域矩阵里，我们就可以在不同的触点布局如何与其成交。

因此，每个品牌在做私域的时候，都要认真思考，做好触点的布局。当然，对于很多大企业来说，以上的各个触点由不同的部门负责，那么就需要有一个特定的部门或者人，把各触点整合起来，这样效率才比较高。

接下来，我们来仔细了解一下腾讯系私域流量地图里的关键要素。

1.3.2　朋友圈：靠近你

私域里的第一个重要触点就是朋友圈。微信朋友圈是微信最重要的社交产品，也是客户打开频率最高的一个产品。

朋友圈的官方产品定义是，"靠近你"。靠近你，意味着在做私域的时候，朋友圈里一定要有 IP。客户希望在朋友圈里交朋友，而不是只看广告。如果我们希望客户能把我们当朋友，愿意看我们的朋友圈，就不能把朋友圈当作广告平台。

我们在朋友圈最重要的任务，就是经营好我们的 IP，要保持高价值的内容输出和价值观输出，并通过内容和价值观的输出，筛选出真正认同我们的粉丝。

在做好了朋友圈的 IP 定位和打造后，建议在朋友圈持续运营三四个星期之后，直接开始直播，而这里所说的直播是指私域直播，而不是抖音、淘宝等公域直播。

1.3.3 直播间：喜欢你

直播间的官方产品定义是，"喜欢你"。

因此，在私域直播里，最重要的是建立和巩固 IP。如果客户喜欢你，信任你，那么你就容易销售产品。但如果客户不喜欢你，那么你的产品再好，他也不买。

客户可能因为很多原因喜欢你，但是被你长期吸引的，一定是你的价值观和你的生活方式，而不是你卖的产品。所以，你一定要记住，在私域里，最重要的事情不是卖货，而是卖 IP，要把自己销售出去。

1.3.4 小程序：买你

接下来介绍小程序。小程序其实是一个互动和成交的触点。很多人在选择小程序的时候很纠结，不知道自己做私域该用第三方小程序，还是自己开发独立的小程序。

在我看来，如果品牌对数据营销没有太高要求，那么选择第三方小程序性价比很高。但如果品牌对数据营销要求很高，那么建议自己开发独立的小程序。因为第三方的标准小程序工具都无法做到数据回流。

1.3.5 微信群：被你服务

微信群不等于社群。

把一群陌生人拉到群里，这个群只是微信群。只有群里的人产生了社交关系，这个群才叫社群。学习群、工作群、亲友群、小区群，甚至学校的家长群，之所以活跃，是因为群成员有共同的目标，且相互之间有社交关系。

一个微信群之所以不活跃，最大的原因就是它不是一个社群，没有明确的定位，群成员没有共同的目标，没有互相分享，也不想互相认识。

不活跃的其他原因如下。

（1）对于 C 私域的客户群（群里都是 C）来说，微信群里没有服务。

微信群的官方产品定义是，"被你服务"。在一个品牌的微信群里，如果没有明确的服务，那么是非常难运营的。

做得好的微信群服务有以下几种：①在群里点菜，可以让客服送上门；②某饭店的客户可以在群里预约座位；③在一些减肥群里，有营养师督促客户健康减肥，并且打卡。

我们最常见的群是，各品牌邀请客户加入的 VIP 会员群，但客户在入群后，并没有得到明确的 VIP 会员权益。在客户对产品或者服务不满意时，也没有人及时在群里响应和处理，反而带来了客户更大的不满。

（2）对于 B 私域的销售群（群里都是 B）来说，微信群里没有培训。

管理和维护好销售群的核心就是培训，要充分为群内每个 B 赋能，详见后续章节。

1.3.6　企业微信：被你管理

企业微信的核心定位是管理工具。

很多品牌问我，到底是应该用企业微信还是用个人微信做私域？

其实这取决于粉丝的数量，以及我们和粉丝的关系。如果粉丝数量巨大，且我们有品牌的 CRM（客户关系管理）系统，那么建议用企业微信。企业微信对于导购的流程化管理、客户的分层运营、给客户打标签，都非常高效。

1.3.7　微信支付：成交你

微信支付的日均交易量已经超过 10 亿次。微信支付已经成为与客户接触越来越高频的一个触点。

很多大品牌，尤其是线下的实体店，如星巴克、全家，都利用在客户使用微信支付后为其赠送优惠券的形式，把客户引导到自己的小程序，或者引导其到附近的实体店消费。

1.3.8　视频号：认识你

视频号，是腾讯系的一个战略级产品，是腾讯系唯一能打通朋友圈和私域的超级产品。

尤其在 2021 年春节前后，视频号在迭代了直播功能后，已经成为腾讯系的重磅武器。现在，视频号已经获得了在腾讯系里的九大流量入口，日活跃用户已经为 3 亿人左右了。

视频号的发展如火如荼，但大量的品牌只是把视频号当作内容平台来对待。这是对视频号的重大误解。2020 年，大量的自媒体人号召我们每天更新视频号的内容。视频号创作者们制作了大量的短视频，但有些视频没有人点赞，也没有人观看。

其实，从内容的角度来看，视频号相当于一张名片，让观众认识我们，知道我们是谁，对他有什么价值，从而让他关注和联系我们。

从运营的角度来看，视频号最大的价值是裂变工具和直播转化工具。因此，我们做视频号内容，一定要有爆款思维。我们要生产的是少而精的爆款短视频。只有发布爆款短视频，才能不断裂变破圈。我们甚至应该把点赞量特别少的短视频删掉，让关注我们的新朋友能在最短的时间了解我们，主动和我们互动，并且通过对视频的点赞，不断地让他的朋友看到我们的视频内容。

视频号直播，既是内容高效裂变的工具，也是私域成交的工具。视频号栏目化的直播运营，能为品牌源源不断地带来新增客户，并为成交带来更多增量。

1.3.9　公众号：了解你

公众号是让客户深度了解我们的触点。

朋友圈、企业微信、微信群等，因为发布消息的篇幅有限，不能深度展示品牌、个人的特点和价值观。公众号作为私域的一个重要触点，虽然红利期可能已经过去，但仍是私域里的品牌官网。

公众号是大量粉丝流量的最佳承载载体和服务的入口。

公众号甚至是非常关键的成交触点。某头部保健品品牌的公众号，每年都有非常稳定的千万量级的营收。阿芙精油的亿级私域增长的重要阵地，也是公众号。

第 2 章

直营型 C 私域

2

2.1　C私域顶层架构

2.1.1　投资回报率

销售业绩参考指标：C 私域的销售业绩首年预计能达到企业去年整体销售业绩的 20%~50%。

举个例子，如果去年企业的销售业绩为 1 亿元，今年若企业的销售业绩能够与去年一样（在正常的情况下会有 20%以上增长），那么 C 私域的销售业绩独立核算出来首年为 2000 万~5000 万元。

2.1.2　顶层架构概述

我们首先深入浅出地剖析 C 私域顶层架构，整体架构如图 2-1 所示。

私域，你做的可能是"假的"

图 2-1 的核心其实是三个环节（三种角色定位），分别是"订单/客户""微信好友""VIP 会员"。

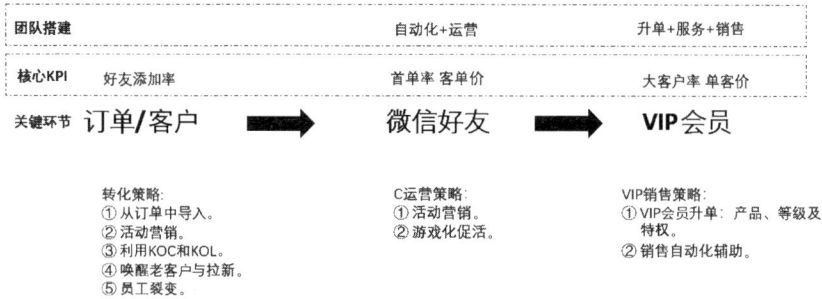

团队搭建		自动化+运营	升单+服务+销售
核心KPI	好友添加率	首单率 客单价	大客户率 单客价
关键环节	订单/客户 ➡	微信好友 ➡	VIP会员

转化策略：
① 从订单中导入。
② 活动营销。
③ 利用KOC和KOL。
④ 唤醒老客户与拉新。
⑤ 员工裂变。

C运营策略：
① 活动营销。
② 游戏化促活。

VIP销售策略：
① VIP会员升单：产品、等级及特权。
② 销售自动化辅助。

图 2-1

1."订单/客户"

一二类电商每天都有很多订单，而线下实体店每天都有很多上门客户。只有加到企业微信/微信里的客户，才是你的私域。所以，做 C 私域的第一个核心 KPI（关键绩效指标）就是好友添加率。这直接决定了私域的启动资源，非常重要。

同时，我们可以根据实际获得的微信好友的数量来核算获取成本，从而不断地调整策略，基本上用一个季度就能打造出一套最适合企业和品牌的最佳"加粉"策略。

2."微信好友"

在这个环节有两大核心 KPI：首单率，客单价。因为团队每天都需要处理大量的新增 C，所以很难做到与 C 深度交流，故而在这个环节，应该只追求客单价，而非单客价。

最常用的两大核心解决策略（运营策略）如下。

① 活动营销。活动营销收入取决于触发、类型、毛利、周期、留存（具体见 2.3.2 节）。

② 游戏化促活。游戏化促活的本质其实就是合理化降价，从而增加动销。因为私域没有投放费用，所以让利给消费者是可以的，但是不能参照公域和实体店的售价直接降价，那样就自乱价格体系了。

高阶的玩法：需要着重策划营销机制，如我们可以靠游戏的故事性。例如，利用穿越主题连续穿越四个时代，每个时代其实都是一次闪购活动，只是主题不同而已。这样就把原本仅能办三天的闪购活动延长到十二天，并且客户还会觉得这个活动比之前更有趣。

低阶的玩法：下面准备了一个非常实用的工具包，分为四类锦囊，分别是抢红包游戏、猜谜游戏、趣味性游戏、骰子类游戏。让客户通过参与游戏，获得优惠（详见 2.3.4 节）。

如果客户不付出努力就得到，那么都不会珍惜。所以，与其在私域里直接给客户发优惠券，不如通过游戏这个更合理化的借口，让客户在付出一些努力后获取"降价"优惠。这样，他们会更珍惜，从而可以提高最后的实际消费转化率（优惠券使用率）。

3. "VIP 会员"

在这个环节有两大核心 KPI：大客户率，单客价。到这里，我们才正式进入真私域部分，也就是销售驱动的部分。真私域符合二八原则，即 20%

的客户贡献了 80%的销售业绩。所以，我们在这里追求如何让更多第二环节的 C 转化成第三环节的 VIP 会员，以及每个 VIP 会员的单客价，而非客单价。

最常用的核心策略（VIP 销售策略）：①VIP 会员升单（多次消费），核心是要设计好等级，以及等级由高到低对应的特权和产品。②销售自动化辅助。

强调一下，低消费人群（C）更看重"福利"，而高消费人群（VIP 会员）更看重"稀有、身份、寓意、限量"。

既然到了销售驱动环节，自然需要更多的"销售人员"（名义上可以还是运营人员，运营人员更好招聘），但为了降低人员扩充压力，我们需要将部分重复性高的销售工作自动化完成，也就是需要"②销售自动化辅助"。

比如，对于卖酒来说，销售人员需要经常给 VIP 会员提供 1 对 1 的高重复性服务工作，好比 VIP 会员经常会问"请问××就餐场合需要哪种酒"，而这个问题完全就可以被自动化销售工具来解决，而非靠人工重复解决。

如果能更深度地模拟销售人员的成交过程，形成销售辅助机器人，甚至直接用机器人来销售，就会大大地提高私域产值。

2.1.3 VIP 会员和 KOC 裂变

在上述 C 私域顶层架构之上，还有一个重要的概念叫裂变率，指的是愿意帮品牌做转介绍的客户占总客户的比例。裂变率可以表示客户愿不愿意帮我们传播、帮我们分享、帮我们推荐。裂变主要是指老客户的转介绍，尤其是 VIP 会员的转介绍。

传统的公域只关注客单价和复购率。根据邓巴定律，一个客户的分享可能影响 150 人。在微信环境下，如果每个客户平均有 300 个左右的微信好友，那么裂变率的提高，将给品牌带来幂次方的增长。

在过去的商业演进中，微商和直销，乃至最近四五年特别火的社交电商，都是基于裂变率的不断挖掘带来的成交额的指数级增长，但微商、直销、社交电商都属于 B 私域，在第 3 章中会具体讲解。

而在 C 私域里，我们探讨得更多的是自主裂变，也就是非 B 私域那样靠培训和政策驱动的分销型分享，主要靠品牌发展的关键节点人物（KOC）。

能够影响周围朋友购物决策的人，在私域里，被称为 KOC（Key Opinion Consumer，关键意见消费者）。他们和 KOL（关键意见领袖）很类似，只是能影响的人群的范围更小一些。一个品牌的 KOC 越多，品牌的影响力就扩散得越快，品牌的价值就越高。

C 私域规模的提高，关键是找出私域里的 VIP 会员和 KOC。

2.1.4　团队组成概述

在"订单/客户""微信好友""VIP 会员"三个环节中，团队成员分别对应运营人员、运营人员、销售人员。

根据我们的经验，团队人数和销售业绩正好符合两个相反的二八原则，即 20% 的团队成员是运营人员，负责完成从"订单/客户"到"微信好友"，运营 80% 的 C 私域（即 C），使用一些自动化的 SCRM（Social Customer Relationship Management，社会关系管理）工具及活动策略和方案，实现"微信好友"的首单。这时，C 私域就成功地进入了下一个环节"VIP 会员"，将由 80% 的团队成员（由销售人员组成）运营这 20% 的 C 私域（即 VIP 会员），最终产生 C 私域 80% 的销售业绩。

2.2　从订单/客户到微信好友

线上的品牌与线下的品牌很不一样，线下的服务原本就是 To C 的，转化率是稳定的。但是线上的品牌没有做过真正的 To C 运营，没有直接面对过真正的消费者，所以一旦大量的客户进入微信群，就很难有效地运营。所以，VIP 会员运营、销售、服务等务必全部提前准备好。

导入微信好友，特别是在冷启动期，主要有以下几种途径：

- 从订单中导入：通过打电话（人工或 AI），放包裹卡，发短信，导入微信好友。重点是设计好钩子品和话术。

- 做活动营销：做线上版活动营销（详见 2.3.2 节）和线下版活动营销（详见 4.1.3 节），详见 5.2.3 节的"2.从 1000 多个微信好友到近 2 万个微信好友"。

- 利用 KOC 和 KOL：详见 5.3.2 节的"4.从 150 个潜在客户到 3 万多个粉丝的裂变"、5.4.2 节、5.4.3 节。

- 唤醒老客户与拉新：详见 5.5.3 节的"6.私域'加粉'"。

- 若员工较多，可实施员工裂变（详见 5.4.5 节）。

2.3 微信好友

如何提高进入私域的微信好友的成交率和首单率？既有趣，又很有特点的就是"游戏化"。

理论上，在客户进入私域后，我们就没有了公域的投放费用，那么是不是就可以把产品或服务直接让利给客户呢？不要这么做，因为这样做很容易"乱价"，就算要降价也一定要有合理的借口。游戏，恰恰非常合适。

以最简单的划拳游戏为例，客户和品牌划拳，如果赢了，就可以得到优惠券，如果输了，那么可以邀请一个人进群让他和品牌划拳，如果被邀请人赢了，那么他们都可以得到优惠券。这种方式会比品牌直接给客户发优惠券消费转化的概率更高，因为任何不付出努力而得到的都不会被珍惜，特别是优惠券和降价销售。

在微信里，特别是在微信群里，做闪购活动，往往是最能做转化和出业绩的。但闪购活动最多只能做 2~3 天，不然就不叫闪购活动了。如何才能合理化地拉长闪购周期呢？还是要靠游戏，但需要精心策划。比如，我们之前做过大航海时代游戏，每个时代本质上就是一次闪购活动。客户无感地跟随我们穿越了三个时代，这样就把三天的闪购活动沉浸式地拉长到十二天。

2.3.1 实战策略：基础营销

微信群是私域里非常重要的变现场景，需要系统化组织和经营。群人数为 200 左右最好，一般在 50～300。这样能保障群成员充分交流互动。为了让群成员形成习惯，建议以周为单位制作一个群的执行 SOP 体系。比如，周一娱乐、周二做内容、周三休息、周四送福利、周五做活动、周六日休息；早上送关怀，晚上互动。

2.3.2 实战策略：线上版活动营销

4.1.3 节会介绍"线下版活动营销"实战策略。

活动营销收入取决于触发、类型、毛利、周期、留存。

1. 触发

触发包括节日触发、热点触发、数据触发、计划触发等。

（1）节日触发：关键点是氛围打造，并利用客户希望收到礼物的心态应景推出节日专享价，比如，在母亲节专享 380 元礼物（客户仅花 380 元就能买到超值礼物，其实就是美化了打折促销）、搭配赠送温情福袋（其实就是美化了清库存，赠送的可能是滞销品）。

（2）热点触发：先要发现热点，再快速响应推出内容来蹭流量。建议安排人专门收集与我们匹配的热点。

（3）数据触发：我们要给每个客户都精准地贴标签，推送最匹配的内容，从而实现更高的成交转化率，让广告变得千人千面，比如今天有 20 个客户过生日，我们就会根据客户的不同标签准备不同的生日专享福利作为礼物相赠，其实就是美化了精准活动推送。

（4）计划触发：企业根据全年运营目标策划当月活动。

2. 类型

类型包括福利类、限时限量类、其他类。

（1）福利类：买××送××、满×××送大礼（+再满×××送更大礼）、打折、送券、抽奖等；满×××减××（满 400 元减 50 元、满 800 元减 100 元、满 1200 元减 150 元）。

强调一下，满减可以提高整体的客单价，让客户不知不觉地买很多产品，从而让客户的客单价全部提高。满减可能比直接打 8 折的效果要好 10 倍。

补充一下，满减的衍生策略：优惠对比类，也就是对一个方案做两个促销活动，产生明显对比来刺激客户的消费欲望，举例如下：

优惠一：客户购买 1800 元年卡，我们当场赠送价值为 600 元的礼品套盒。

优惠二：客户购买 2980 元年卡，我们当场赠送价值为 900 元的礼品套盒；若客户再花1元，则我们赠送同等价值的年卡一张。

对于客户而言，他们更喜欢第二种优惠。我们只是用第一种优惠来做比较而已。

（2）限时限量类：每人限购×份，限前××名，限最后××份，限最后××小时等。

（3）其他类：拍卖、快闪、会员日、清仓、特惠等。

说明：针对低消费人群需突出各种福利，但针对高消费人群，则需突出特权、身份、稀有、寓意、限量版等。

3. 毛利

毛利主要取决于加价策略和毛利率。

（1）根据产品购买量打折：比如买1个打8折，再买第2个打6折，再买第3个免单等。这个策略适合做爆品。

（2）根据购买人数拼单做折扣：比如3人拼团打8折等。

（3）产品捆绑活动：比如打包卖相关联的产品。

（4）加价购活动：比如在屈臣氏结账时，收银员都会问你是否加××元换购价值×××元的产品。

为了保障毛利率，建议如下：假设你希望的平均毛利率为20%，而A产品（一般是指爆款产品）的毛利率仅是5%，此时就要用A产品+B产品组合的方式。你要找毛利率合并起来刚好够 20% 的 B 产品（一般是指利润款产品），进行组套一起卖，或者采用在客户买 A 产品时赠送 B 产品的抵用券的方法，帮 B 产品做引流，在 B 产品成交后毛利率自然就提高了。

强调：做活动，能捆绑就别特价，能赠送就别打折。

4. 周期

营销活动需要周期短、标准化、简单、快速、可落地执行。

在营销活动期间，我们需要不断鼓励客户、制造成交氛围，引导群成员抢购、秒杀、刷支付截图等。

以 9 天为一个营销周期，在前两天做筹备工作，在第 3 天讲解宣传政策，在第 4 天~第 6 天达到日销售业绩高峰，在第 7~8 天收尾，在第 9 天复盘。我们要把每天每个时间节点（最好精细到每 15 分钟）的动作，以及需要的话术和物料都提前准备好。

5. 留存

我们需要给客户一个下次来消费的理由。

（1）特权：比如，你去看电影，被拉到一个电影群，在这个群里拉一个人进群就可以得到电影券。再如，购物群可以提供同城送货上门服务。这些都属于特权。

（2）福利：福利就是实实在在的好处。比如，饭店送的下次来使用的抵用券（赠送半条鱼或一盘菜）、抽奖送福利（每月领取免费试用装）、定期来消费的理由（每月会员日、折扣日、试吃）。再如，凭电话号码、身份证号码、车牌号尾数×××领奖品或福利。

2.3.3 实战策略：基础促活

基础促活分为三类：内容、娱乐、关怀。

1. 内容

群里输出的价值，属于精神奖励，如认知、成长、教育、知识等。比如，做美妆的就讲护肤知识，做大健康的就讲养生知识等。

2. 娱乐

娱乐属于精神奖励，包括互动游戏（详见 2.3.4 节）、热门话题等。比如，你在开课之前，先做一轮互动游戏，把人都"炸"出来，以便提高课程的收听率，或者在准备销售产品时，提前引入一些相关话题，让客户讨论，从而产生需求，"自然而然"地引出产品。

3. 关怀

关怀可以体现在早晚问安、播天气预报、介绍路况和限号信息、送节假日祝福等。

2.3.4　实战策略：游戏促活

在把客户导入私域，拉进微信群后，肯定有部分微信群就变成"死群"了！

如何破局，让客户实现群内持续复购和活跃，甚至还能实现更多的老带新（老客户介绍新客户）？答案就是：做游戏。做游戏不仅能提高活跃度，营造群内良好的氛围，增强群成员间的感情，还能增加产品的曝光率，提高成交率。

常见的群内游戏有猜图片、猜成语、点歌、查皇历、查星座运势等。下面详细列举四大锦囊。

提前预告：可以在群里提前群发消息，用发公告的形式使每个人都能知道活动。

预告内容：包括开始时间、活动内容、奖励方式等。

提醒：若首次做类似活动，不清楚群内好友的情况，则建议一定要找员工、朋友来进行互动。

1. 第一个锦囊——红包类游戏

1）首推玩法（如图 2-2 所示）

私域，你做的可能是"假的"

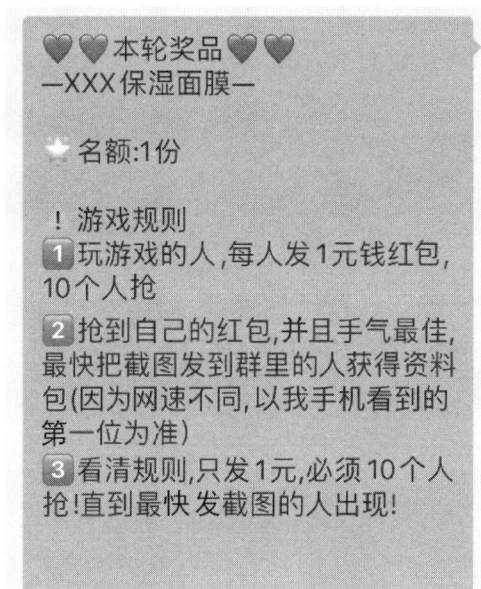

图 2-2

2）衍生的 N 种玩法

（1）逢 1、3、5 有奖。

规则：主持人发一个红包，第 1、3、5 个抢到红包的人得奖。

（2）抢"沙发"。

规则：主持人发一个红包，第一个抢到红包的人（即抢到"沙发"）得奖。

（3）最佳手气奖。

规则：主持人发一个红包，手气最佳（金额最大）的人得奖。

（4）幸运红包。

规则：主持人发总金额为 1 元的红包（设置红包数量大于 1 个），凡抢到红包[幸运降临-x]且名次为 x 的即为幸运儿，得到一份神秘大奖，比如[幸运降临-5]，第五个抢到该红包的人得奖。

（5）安慰奖。

规则：主持人发一个红包，抢到红包金额最少的人得奖。

2. 第二个锦囊——猜谜类游戏

1）首推玩法

主持人鼓励群成员猜产品价格，第一个猜中或最接近产品价格的人得奖。这类游戏不仅能调动群成员的积极性，增加活跃度，还能提高产品曝光率和关注度。

猜谜类游戏，除了上述首推的猜价格玩法，还有非常多的玩法。

2）衍生的 N 种玩法

（1）符号猜谜。

用符号代替文字，可以衍生出猜成语、猜明星、猜电视剧、猜电影，甚至猜歌词，如图 2-3 所示。

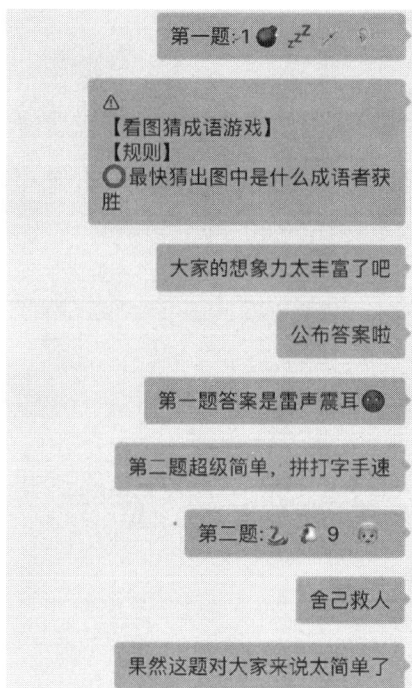

图 2-3

（2）猜歌名。

听歌或 BGM（背景音乐），猜歌名，或猜来自哪部电影或电视剧，形式包括群成员唱歌让群主和其他人猜，群主放音乐让群成员猜。

（3）机智抢答。

基于企业简介、企业文化、产品介绍、平台介绍、品牌介绍等多维度去设计问题，并奖励第一个回答正确的群成员，以此增加产品的二次曝光率，同时让客户养成"爬楼"的好习惯。

这些问题可以是什么呢？

① 请找出×××代言的产品。

② 请找出今天优惠 200 元的产品。

③ 请找出今天优惠额度最小的产品。

④ 请找出今天售价最高的产品。

3. 第三个锦囊——趣味性游戏

这类游戏非常适合年轻人或群成员年龄大的群，不需要思考。

（1）套娃娃游戏。

规则：主持人随意发一个娃娃表情，即开始游戏，群成员开始不停地发圆圈。主持人随机发出不同的娃娃表情。在主持人发出指定的娃娃表情时前一个发出圆圈的人，即为套到娃娃而得奖的人。

（2）打老鼠游戏。

主持人发一个地洞表情即为开始游戏。在游戏开始后，群成员不停地发锤子。主持人将会随机发出地洞和老鼠。在主持人发出老鼠表情时前一个发出锤子的人，即为打到老鼠而得奖的人，如图 2-4 所示。

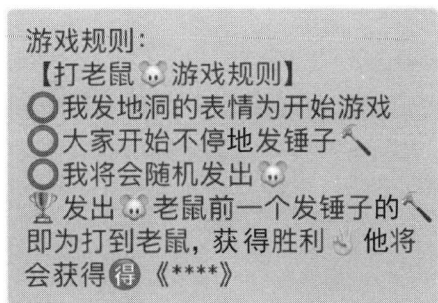

图 2-4

私域，你做的可能是"假的"

4. 第四个锦囊——骰子类游戏

1）首推玩法

主持人指定点数，群成员开始掷骰子，最先掷出该点数的人获胜得奖，获得红包或者无门槛优惠券。这类游戏适用于"双十一"这样的大促活动。

2）衍生的 N 种玩法

（1）猜骰子点数大小或单双数。

规则：主持人掷一颗骰子，群成员猜骰子点数大小（点数 1~3 为小，点数 4~6 为大）或单双数，猜中的人得奖励。以每人第一次说出的答案为准。群成员都准备好后，主持人正式掷骰子。

（2）猜骰子点数。

主持人掷两颗骰子，猜中骰子点数的人得奖。以每人第一次说出的数字为准。群成员都准备好后，主持人正式掷两颗骰子。

（3）比骰子点数大小（如图 2-5 所示）。

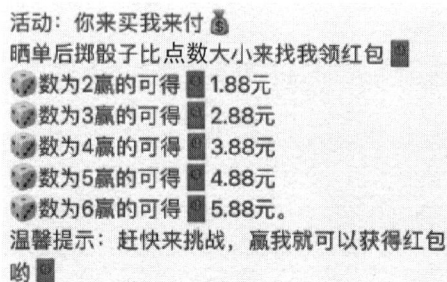

活动：你来买我来付 💰
晒单后掷骰子比点数大小来找我领红包 🧧
🎲数为2赢的可得 🧧1.88元
🎲数为3赢的可得 🧧2.88元
🎲数为4赢的可得 🧧3.88元
🎲数为5赢的可得 🧧4.88元
🎲数为6赢的可得 🧧5.88元。
温馨提示：赶快来挑战，赢我就可以获得红包哟 🧧

图 2-5

2.4　从微信好友到VIP会员

客户进入私域体系，变成微信好友之后的核心问题：如何把这些人变成你真正想要的 VIP 会员？

首先，你需要设计各等级会员的权益且凸显差异。每一个等级都对应着不同的产品价格和专属特权。你一定要明白，VIP 会员和 C 追求的不一样，C 追求钩子品、半价、特价，但 VIP 会员不是这样的，等级越高，越追求特权和身份。

其次，你需要搭建服务式销售（或顾问式销售）体系。举个例子，在某品牌酒的 C 私域里，官方人员的微信号取名为"配酒师"，虽然听起来特别像一位能提供服务的人员，但本质就是销售人员。

最后，你需要配备，甚至单独研发自动化销售辅助工具。例如，我们在服务大量的 VIP 会员时，不少销售工作的重复性很高，以致浪费了不少人力成本。比如，上述提到的在某品牌酒的 C 私域里，没有饮酒经验的客户经常会问配酒师"自己适合喝哪种酒""在某个场合适合喝哪种酒"。为此，该品牌专门研发了两个工具，一个叫味蕾人格测试，另一个叫快速餐酒搭配。这两个工具大大地减轻了配酒师人工销售的工作量，自动地完成了对非饮酒客户的基础销售行为。当然，整个销售的各环节自动化程度越高，品牌的投入产出比越优。

再举一个线下的案例，我们曾为一家基于中医体系的产后修复连锁品牌服务。其在全国大概有 40 家实体店。为什么他们经过十年在全国仅开了 40 家店？很大原因是不可被复制，因为它需要所有加盟商必须在当地聘请一位懂中医的，最好就是中医医生，而这对很多意向加盟商来说门槛其实很高。怎么解决这个问题呢？我们基于这 40 家店里现有的开单流程和从医生的角度与客户聊天（销售）的过程，单独为该品牌研发了一个销售辅助工具。通过这个销售辅助工具，2021 年该品牌在全国新开了一两百家店，因为店里不再像以前那样需要专业医生了，稍微懂一点儿医学知识的人，只要会用这个销售辅助工具，就能顺利地完成开单和销售动作。

说明：在本书后面的案例章节中会对这部分内容重点举例。

2.5 反向拓展渠道

C 私域可以利用渠道扩大规模和利润。如何拓展渠道呢？

要想经营好 C 私域，就要有意识地在一开始就把一些重点渠道（既可以是线上平台，又可以是线下渠道，比如沃尔玛、华润万家、家乐福、罗森、7-11 等）的合作伙伴的员工，尤其是采购人员，加到私域里。

采购人员在私域里一直能看到品牌的 VIP 会员和 KOC 持续进行"种草"，发布品牌新闻，扩大影响力。他们就会越来越认为该品牌销售的是非常好的产品，并且这个产品很畅销，他们很可能就会反向邀请该品牌入驻平台。这时，只要该品牌提供一些赠品，就很容易拿到首页的推广位，再通过做活动，引导私域客户去该平台购买，销量就比较容易迅速地在该平台上排到其所在品类的前几名，甚至第一名。

同样，线下渠道也会主动邀请品牌入驻，甚至不收取额外的费用。

2.6　附件：技巧和能力

2.6.1　销售能力：通用版

第一步，建立正确的销售心态。

（1）不要把"成交"当成目的。

（2）要有利他心态（换位思考）。

（3）要先播种，后收获。

（4）不要做出任何主观的判断。要让客户感觉到他说的任何问题都是被接受的。即使客户的想法不对，也不要直接反对。

（5）清空之前的任何负面情绪。

（6）与客户进行心与心的交流。在与客户交流时，要感情真挚，要让客户觉得你确实真心帮他解决问题，要站在客户的角度帮他考虑。

（7）要努力获取 1 个客户，而非 1 次成交。

（8）按计划定时回访，会得到惊喜。

（9）顶级销售心经：贩卖未来。

第二步，做好销售前的准备。

核心问题是卖给谁，也就是构建客户画像。

首先，了解清楚客户是谁，包括他的年龄、地域、消费等级、消费周期、职业、婚姻状况、爱好、饮食习惯等。

其次，分析客户的消费能力，包括精准筛选、列名单（亲疏远近）、标签化管理。

最后，洞察客户心智，包括需求、情绪、安全感和场景化等方面。

第三步，利用黄金销售模型。

第一，先破冰。

要先破冰（先建立/恢复联系），传递温度，比如与客户聊家常，或者通过坚持每日在客户的朋友圈互动，从而引发自然话题。

第二，自然切入产品。

通过提问（比如夸赞皮肤状态，询问护肤习惯），关联产品。

推荐话术模板：因为××××（属性），所以×××××（作用），对我有××××（益处），你看××××（举例）。

第三，刺激成交。

对方的表现分为以下三种情况。

（1）考虑：比如考虑时间或者资金，那你就利用限时、限价的策略。

（2）成交：你要询问是否现在购买，或者具体什么时候购买。

（3）疑惑：你要给他发别的客户的案例。

第四，留后路或做回访。

首次不成交属于正常情况，但你起码清晰地阐述了卖点，做足了铺垫。没有成交之后的关键动作是，送体验装或打好标签，在下次促销时再跟进。提醒：切忌否认客户的观点，要先认同他的观点。

如果与客户成交了，你就需要制定系统的客户回访关怀 SOP，且将其落实到位，明确以下四点。

（1）争取一个新客户的成本是留住一个老客户的 6 倍。

（2）一个老客户贡献的利润是新客户的 20 倍。

（3）向新客户推销的成功率是 10%。

（4）向老客户推销的成功率是 50%。

补充：客户生日和节日都是回访的好时间点。

2.6.2　销售能力：滚雪球

要想从 1 对 1 销售到裂变型销售，核心如下：会"讲"，且会"晒"案例故事。

第一步，写好第一个人的故事。先与第一个客户成交，然后问他对你的产品或服务的反馈意见，并收集好反馈。你要把交流过程中对方问的问题进行归类，把对应的答案进行总结，当以后再遇到类似的问题时，就把答案复制、粘贴给对方。关键点是要分段发送，这样对方就会觉得你是打字发给他的。

关于写故事，可以从很多角度和维度切入：他的个人背景情况，他遇到了什么问题（最好具体一些），你给他的解决方案（你的产品或服务的价值），他的真实感受，前后效果对比。故事可以使用图文格式、对话格式、文章格式和视频格式。若用对话格式，则最好用真实截图的形式，要注意把对方的头像打马赛克。

第二步，晒好这个人的故事。你可以把图文内容发到朋友圈和微信群（发的时候记得屏蔽他），以及小红书。你可以把文章发到知乎。你可以把视频发到视频号、抖音、快手。这一步的重点是要留下钩子刺激咨询（可选）和转化付费。

第三步，开始滚雪球。你要刺激第 2 位～第 100 位有相同痛点的意向客户，使其转化成交，然后再形成故事，不断"晒好这个人的故事"，形成滚雪球模式！你要持续地输出更多的故事，刺激更多人的痛点，吸引更多的意向客户，使其成交转化。

2.6.3　辅助运营：第三方工具

在运营微信群时，我们梳理出以下常用的功能，其大部分需要依托第三方工具来实现。

1. 日常管理功能，提高管理效率

入群欢迎：我们可以预设欢迎语，在新人入群时自动发出欢迎语，让其第一时间感受到亲切感、归属感。我们可以设置多条欢迎语，让其随机推送，带给群成员更多新鲜感，也可以在入群欢迎语中带上群规及关键词列表等内容。

定时提醒：我们可以预设定时提醒，时间一到会自动将预设内容推送到群内，再也不用担心过点忘发通知。

关键词回复：总有群成员咨询同一个问题，为了减少重复工作，我们可以设置自动回复，给提问次数最多的问题设置对应的关键词和回复内容。群成员一旦触发关键词，系统即可自动回复。

2. 内容和互动功能，提高社群价值

群聊收录：要想永久保存群聊中的优质内容、群里分享的优质课程、关于某个话题的独特见解，以及群成员在参加线下活动时拍摄的珍贵合照等，就需要有相应的功能帮助实现，将其一键收录成群精华、群相册，让我们随时随地想看就看；同时，群精华、群相册还可以被二次编辑及包装，群成员

也可以对其进行评论、分享、点赞等。

群积分：我们可以根据积分等级精细化运营群成员，提高其活跃度，甚至实行群积分晋级淘汰制。

群签到、群打卡：我们可以让群成员每天进群签到、打卡，这有利于提高群成员对群的依赖性。

3. 群数据统计，反馈运营效果

个人活跃度：这个功能可以让我们了解群内每位成员的活跃度情况，从而筛选优质成员。比如，查询每个群成员本月的发言数、签到数、评论次数、阅读次数、点赞次数、访问群空间的次数。

群成员关系链：这个功能用于查看每位群成员的群内上下级关系链。这不仅能让我们知道谁拉该成员入群，还能让我们知道该成员拉了多少人入群，甚至被拉入的人是否还在群内。我们可以借此在群内发起拉人奖励任务，通过奖励提高群成员拉人入群的积极性，从而增加群人数。

第 3 章

分销型 B 私域

3

3.1　战略重构"开源节流"

3.1.1　开源

说到"开源"，你在第一时间想到的是什么？是平面/电视/新媒体广告、百度竞价、淘宝和京东的搜索优化、抖音、快手，还是地推？当想到这些的时候，你会发现，单个客户的获取成本越来越高，甚至你都不敢去尝试，因为这无疑是"烧钱"。

你可以思考一下，为什么获客成本这么高？本质原因是这个时代的消费观念变了。举个例子，之前你在电视上、在大街小巷都会看到和听到"海尔"，都知道海尔指的是冰箱。当想买冰箱的时候，你会自然而然地去买海尔冰箱。现在还这样吗？可能不是了，你会问身边的人用的是什么品牌的冰箱，它有什么功能、价格是多少等。如果该品牌正好在做促销活动，你就会立刻下单买它。因为在这个时代，你更相信身边的朋友（熟人或半熟人）的体验和推荐。

在你发现这个真相后，之前的"开源"，从战略上就出现了问题。你都在试图去找到"陌生人"。为了转化陌生人，你需要各种权威露出和明星背书，或在五星级酒店办展会。这就是为了解决"我不是骗子"这个问题。随着同行竞争越来越激烈，获客成本肯定越来越高。

而做 B 私域，在战略上放弃了"陌生人"，选择基于个体社交半径的"半熟人"，并以微信为落脚点。因为每个人的微信好友绝大部分都是跟自己的真实生活有过关联的人，如同学、同事、朋友，甚至是一次旅游时碰到的民宿老板等。当这些人看到你的朋友圈，或者你直接推荐给他们一款"品貌双优"的产品或高性价比服务时，他们不会认为你是骗子。你持续在朋友圈"种草"（非广告，故事形式的软性推荐）一段时间后，他恰好有需求了，那么成单率几乎是 100%（回想一下上文讲的买冰箱的故事）。这就是"开源"在这个时代的破局关键，从"陌生人"到"半熟人"的重要战略转型。

3.1.2 节流

关于"节流"，在企业的经营成本中，员工工资这一项占比一般较大。你可能听过这样的新闻，因为企业赔偿少了，被裁的员工在其办公室破口大骂，宣称会采取让媒体曝光、劳动仲裁等行为。你可以理性地想一想，其实只要不是恶意裁员，而是因为企业的现金流断裂导致的裁员，其实老板自己也是很难的。

那有没有办法帮老板解决员工成本和风险呢？有，破局的关键就是做 B 私域。

B 私域是指一群志趣相投的人集合在一起，一起赚钱，你无须为他们支付工资，他们彼此之间类似于创业伙伴的关系。相对于雇佣员工，B 私域的四大明显优势如下。

优势 1：你对员工好，员工不一定感激你，而你对 B 好，B 一定会非常感激你。

优势 2：如果你管理过员工或下属，那么在不同程度上都会焦虑其能力不够，其实这种焦虑感来自你需要为其付出成本。如果做 B 私域，那么你的这种焦虑感会大大降低。因为没有了员工成本，且在 B 私域里人多，如果一个人不合适，那么你可以立刻换另外一个人做，这种交替没有任何成本。

优势 3：你可以建立自己或企业的渠道资源。其中的 B 是不需要你像对待新员工那样付出成本去培养的，因为有不少 B 都是专业领域的既有人才，你并不需要培养其业务能力，只需要与其共同成长，建立彼此的感情纽带，最后与其成为真心的朋友。

优势 4：对于员工，你需要管理，因为在很大程度上你们的目标是不同的。对于 B，你不需要管理，因为你们都是志趣相投的人。在这个时代，一个人的影响力（也就是个人 IP）比钱还重要。你能付出多少劳动力赚多少钱不重要，能找到多少精准客户、撬动多少资源才是关键，即你要让"平凡个体"的商业价值最大化。

最后，列举一个我的朋友的企业的例子。之前其雇用了几十个销售人员。这些销售人员的月薪都在 2 万元以上，每月仅销售人员的工资成本就有 100 多万元。2020 年，该企业转型做 B 私域，每年的流水有几千万元，员工只有几个人，而且没有一个销售人员。如果让你选择，你希望做哪种企业或生意呢？

B 私域，其实前几年也经历过很多野蛮的生长状态，比如你可能听过直销、微商等，很多人会问他们做的属于 B 私域吗？其实这个问题的答案很简单，你肯定希望做百年企业，长久发展，而非赚快钱，甚至赚有法律风险的钱。所以，你销售的产品或服务一定要是优质的，而不能"坑人"。

为什么有的微商品牌起盘很快，灭亡得也很快？因为产品没有动销，它们赚的往往都是代理压货的钱，没有终端消费者买单，即产品或服务并不好，这一定不是我们要打造的分销型 B 私域，我们需要的是长期稳定的企业发展。

做私域，是一种良性的可持续发展的事业。

3.1.3　终局

关于品牌、商业、企业的终局，本书先做畅想，供你探讨和思考。

畅想 1："公司"这种制度已经开始没落。品牌未来做的不是管理，无论是对 C 私域还是对 B 私域，即无论是对客户还是对分销者、代理商、加盟商，品牌最应该做的是服务（赋能），把具体的产品都交给专业生产端负责即可。未来所有的品牌都应该是服务型的，而不是卖货型的。

畅想 2："商业"已经从原来的"把一个东西卖给所有人"变为越来越个性化的选择，社群团购缩小到针对一个 500 人的群，在私域里服务甚至缩小到 1 对 1 个性化服务。

畅想 3：国家大力推广灵活用工，将会出现更多经营副业的"斜杠青年"，以及自由职业者。他们将会成为一个巨大的优质群体，收入不来自企业，而是靠个体，所以更需要被赋能。

畅想 4：品牌要基于畅想 3 去赋能更多人。对于线下实体店的直营和加盟两种模式来说，商业终局肯定是加盟。而对于做 C 私域和做 B 私域来说，品牌终局很可能就是做 B 私域。

结合上述 4 种畅想，容易得到以下结论。

未来的商业越来越倾向于 1 对 1 服务（畅想 2），所以品牌肯定要做私域。若以做 C 私域为主，品牌则需要做好服务。若以做 B 私域为主，品牌则需要做好赋能（畅想 1）。做 B 私域是终局，品牌势必要开放自己的品牌搭建平台（畅想 4），赋能越来越多的人，实现其做副业、自由职业和创业诉求（畅想 3）。

补充：本书后面的案例部分可以证明上述结论。

3.2　B私域顶层架构

问：在 B 私域里，企业和品牌到底卖的是什么，是产品或服务吗？

答："产品或服务"是前提和基础（卖的是"花钱"逻辑）。企业和品牌卖得更多的是"品牌经营"本身（卖的是"赚钱"逻辑），也就是基于自身的产品或服务来提供的大众创业机会，重点在于打动大众使其成为 B，让其做副业或创业，为品牌裂变出更多 C 和 B，再不断循环，实现 N 层裂变！

3.2.1　投资回报率

销售业绩参考指标：在 B 私域里，企业要不断地强化政策体系、招商体系、加盟店体系、培训体系、营销造势体系等，销售业绩首年预计能达到企业去年整体业绩的 20%～100%。

举个例子，如果去年企业的销售业绩为 1 亿元，今年若企业的销售业绩能够与去年一样（在正常的情况下会有 20% 以上增长），则 B 私域的销售业绩独立核算出来首年为 2000 万～1 亿元。

3.2.2　从下往上模式或从上往下模式

如果我们按照收入规模把 B 简单地分为小 B 和大 B，那么主流的两种 B 私域模式如下。

（1）从上往下模式，主要是指直接招募大 B，再由大 B 自行往下招募小 B，这类似于传统经销商模式，以及微商和直销。

（2）从下往上模式，主要是指让 C 转变成小 B，再升级为大 B，这类似于社交电商模式。

如果采用模式 1，那么重点在于招商，特别是线下招商，核心是办会。无论是办小会还是办大会，都要先造势，再 1 对 1 成交，成交从大 B 开始。

如果采用模式 2，那么重点在于把 C 发展成 B，成交从小 B 开始。下面举个简单的例子。

我们对每个 C 说："你以后介绍的客户都是你的团员，你是团队长（也就是上面提到的 B），所有团员无论是自己消费，还是介绍更多人消费，都与你有关系，且你在满足一定的条件后，还会晋升，获得更多权益，拥有更多团员。在此情况下，你每月能稳定得到一笔收入"。不论收入多少，对 C（B）来说，他都很容易产生出做小事业的归属感和荣誉感。

综上所述，作为老板，你是希望有 1000 个 C，还是 1000 个跟你共同做事业的 B 呢？说到这里，你需要想透的只有以下三点：①如何直接招募大 B。②从 C 到 B 的转化路径。③从 B 裂变 C 或更多 B 的路径。

最后，无论是从上往下模式，还是从下往上模式，都没有好坏之分，主要还是依据企业或品牌的启动资源和企业性质来做决策。

3.2.3　顶层架构概述

我们首先深入浅出地剖析"B 私域顶层架构"，整体架构如图 3-1 所示。

私域，你做的可能是"假的"

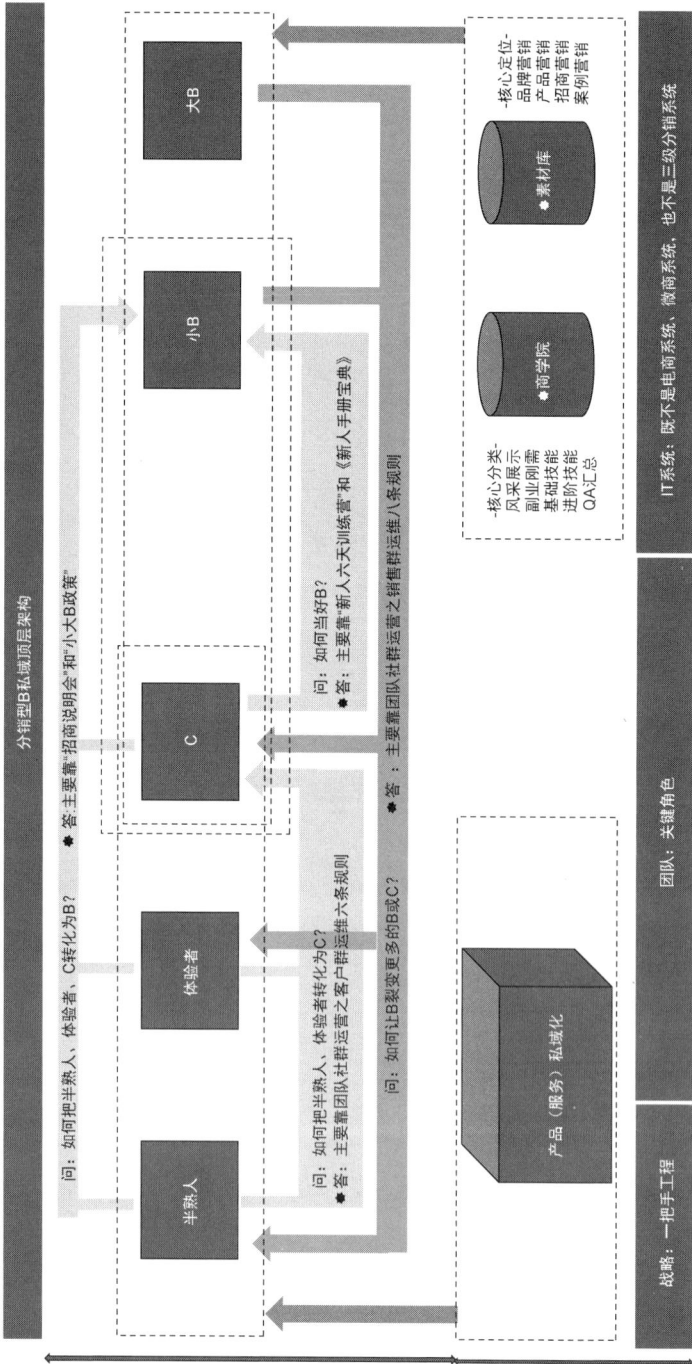

图 3-1

B 私域顶层架构最核心的是三大业务（分好钱、培训好、造好势）和五种角色。

1. 前置科普

从上往下模式的目标：如何招商和布局渠道。我们要对目标 B 最集中的群体进行重点推广。它们分别是竞争对手、互补的商业伙伴、与行业相关的所有平台、行业的上下游。

从下往上模式的目标：把品牌所有的 C 都发展成 B，在实现 C 做副业或创业的同时，实现品牌的销售业绩倍增！

但无论对于哪种目标，我们都要加速客户全生命周期中角色的变化，即半熟人→体验者→C→小 B→大 B。这五个角色可缺省某些角色。

必要名词解释如下。

- 产品服务：企业或者品牌的可售卖产品或服务的简称。

- 角色①——半熟人：还未支付和想多了解产品服务的意向客户，均来自已支付过的亲朋好友或同学、同事等有信任关系的人介绍（往往介绍人都是小 B 和大 B）。

- 角色②——体验者：支付小额货款（例如，9.9 元）进行体验的客户。

- 角色③——C：支付一定金额或消费到一定金额（例如，399 元）后的客户。

- 角色④——小 B：希望把销售这个产品服务作为自己副业创收的分销者。

- 角色⑤——大 B：在小 B 中，创收不错，且希望成为更高级别代理商、经销商，甚至线下实体加盟店的 B。

以上这五种角色，就是一个人基于某产品服务，在其全生命周期中层层递进的过程，即对产品服务从一开始产生兴趣，愿意体验，成为会员，做分销（代理/加盟）到完成小 B 升级为大 B 的全过程。这个模式也是品牌基于自身优质的产品服务，在为 C 赋能，使其成为小 B，并一步步成长为大 B 的同时，实现品牌业绩 N 倍增长的先进经济模式！

补充说明：对于从上往下模式来说，起盘的重点在后三个角色，且一开始就应该以第五个角色为重点。对于从下往上模式来说，起盘的重点在前四个角色。

2. 正式起盘

种草：网络流行语，表示分享某一个产品的优秀品质，以激发他人购买欲望的行为，或自己根据外界信息，对某事物产生体验或拥有欲望的过程。

我们靠不同的微信群来运营以上不同的角色。假设我们有一个半熟人群（你一定会问刚开始时半熟人从哪里来？这里先存疑问①，后面解答），由于这些人不是陌生人，所以我们不用太费力去证明"我不是骗子"，只靠群运营及一些秒杀活动（9.9 元秒杀活动）就可以将其轻松地转化到体验者群。

在体验者群里，我们围绕产品服务，开展更多元化的知识输出（这绝非做广告），以及持续的案例"种草"，让体验者感受到很多人都在持续消费此产品服务（案例从哪里来？这里先存疑问②，后面解答），然后在某个时间段，集中进行会员转化，将其转化到 C 群。

在 C 群里，我们会围绕品牌和企业来"种草"，让 C 更深刻地认知企业实力和产品服务。同时，我们要请专业领域的"大咖"不定期分享，提高 C 的黏性，并鼓励 C 在群内晒出自己的（消费产品服务）案例。我们再按一定的节奏将这些案例发到体验者群（此处解答疑问②）去"种草"。然后，在某个时间段，我们要晒不少 C 已开始赚钱创收（案例从哪里来？这里先存疑问③，后面解答），从而进行小 B 转化，将 C 转化到小 B 群。

在小 B 群里，我们就不讲产品服务了，靠培训赋能小 B 让其利用自己的社交半径/半熟人圈来经营这份副业，同时请成功赚钱的 B 不定期分享，给小 B 加油，并鼓励群内的小 B 晒出自己创收的案例，而我们会将这些案例再发到 C 群（此处解答疑问③）去"种草"。然后，在某个时间段，我们要晒优秀的 B 实实在在月收入××元（案例从哪里来？这里先存疑问④，后面解答），集中进行小 B 激励，强化其信念，不断提高其业务能力，增加其收入，最后将其转化到大 B 群。

在大 B 群里，我们会把大 B 当成合伙人。虽然还是靠培训，但更多的是赋能大 B 把这份副业当成真正的事业，让其掌握如何对外签合同，以及如何谈异业合作等更高维度的经营能力。绝大部分大 B 最后都成功办理了个体工商户执照，或成立了自己的公司，甚至开了品牌的线下实体加盟店（为线上品牌搭建了一张线下网络）。品牌和企业的创始人一般都会在此群里不定期地分享企业最新的里程碑和成就，让大 B 感受到自己真的是事业合伙人，坚定大 B 做事业的决心和恒心，同时鼓励大 B 在群内晒出自己创收的案例及业务开展过程中的各种里程碑。我们再将这些案例按一定的节奏发到小 B 群去"种草"（此处解答疑问④）。

你此时一定还存疑问①，其实在小 B 和大 B 发展业务的时候，最好的结果应该是能够直接发展 C。若不能（很多小 B 一开始比较难直接发展 C），就先将其引入半熟人群（如亲朋好友、同学、同事），再由上述流程一步步将其转化成 C（此处解答疑问①）。

以上流程正是支撑过有百万名 B 的品牌的实战路径，是一套完整且先进的环环相扣的 B 私域自循环裂变体系。

不难看出，对于企业来说，最重要的"开源节流"，在这个全新的 B 私域架构模式中，有了全新的解释。开源，不再是投广告转化陌生人，而是彻底放弃陌生人战略，改成半熟人战略。对于节流，传统生意的大量流水都是靠雇用销售人员来完成的。现在不用了，企业可以彻底放弃雇佣关系，与仅是合作关系的小 B 和大 B 以共创共赢的方式获取流水。这与保险公司的保险经纪人或房地产公司的地产经理人性质一样。

3.2.4　顶层架构：把半熟人、体验者、C 转化为 B

问：如何把半熟人、体验者、C 转化为 B（小 B 和大 B）？

答：主要靠"招商说明会"（详见 3.4.1 节）和"小大 B 政策"（详见 3.3.1 节）来促成，前者讲明白为什么他们要选择这份副业（主业），后者讲明白他们做这份副业（主业）的盼头。要把品牌的所有 C 都发展成 B，实现 C 的"副业刚需"，同时让品牌实现 N 倍裂变和业绩增长。

问：如何当好 B？

答：主要靠"新人六天训练营"（详见 3.4.2 节）和《新人手册宝典》（详见 3.4.4 节）。

3.2.5　顶层架构：B 与 C 成交

问：如何把半熟人、体验者转化为 C？

答：此问题的核心不是品牌怎么与 C 成交，而是品牌需要教会 B 如何与 C 成交和经营 C，在大逻辑上与品牌自己经营 C 私域类似。

主要靠"客户群运维六条规则"（详见 3.4.5 节），特别是在客户群中转化 C。重点是品牌需要提供标准化培训，赋能小 B 和大 B 去完成与 C 成交的过程。

3.2.6　顶层架构：B 经营其他 B

问：如何让 B 裂变更多的 B 和 C？

答：让 B 持续高效地裂变出更多的 B 和 C（重点是其他 B）的核心在于"销售群运维八条规则"，特别是 B 要经营好自己的销售群。另外，每个 B 都需要充分学习和掌握"×××商学院"（详见 3.4.3 节）里的经验和方法。

3.3　分好钱：分润制度、可零售性

说到分钱（分销），你在第一时间想到的可能是三级分销。其实三级分销是很难支撑起私域的成长和裂变的。

举个简单例子：A 拉 B 进来，B 再拉 C 进来，你是不是会认为在 C 消费后，B 会得到返利，A 也会得到返利？这是三级分销。那么什么是层级分润呢？还是举同样的例子，A 拉 B 进来，B 拉 C 进来，这个时候的关键问题是，C 的上级是谁。在层级分润体系里，C 的上级应该是 B 的上级 A（假设 A 是 B 的上级）。那么你就会问，为什么 C 的上级不是 B？B 会不会觉得不公平？不会，因为 B 会因为邀请 C 获得推荐奖。B 要想让 C 属于自己的团队，就只需要升级到与 A 同级。同理，A 也有升级的动力，因为一旦 B 与自己平级了，既有利益 C 就会回到 B 的团队，与自己脱钩，但若 A 也升到更高级了，B 及 C 还都在 A 的团队里面。同理，C 也一样希望升级。

所以，你会发现在层级分润体系里，无论是从上往下模式，还是从下往上模式，所有节点都有想升级的主观能动性，而这才是 B 私域良性成长和裂变的基石。

3.3.1　小大 B 政策（分销制度）

C 为什么会变成 B？B 为什么会自发裂变？企业为什么可以直接招募到大 B？原因就是"分好钱"。但如何在分钱和让 B 帮我们裂变的同时，能不断赚到钱，保持其持久裂变的动力呢？

答案就是合理的"政策"。

这里的学问很大。绝大多数个人和企业主都知道级差政策，针对省、市、区代理会设计不同的政策，但该政策没有任何裂变属性，采用的是直线型的传统逻辑，且覆盖的对象少，而 B 私域可以覆盖几千、几万，甚至几百万个B。到底该如何设计小大 B 政策？核心其实就是要分好三笔钱，即推荐奖、极差奖、平级奖。只要能掌握这三笔钱之间的关系和各种衍生的可能性，几乎就能看明白市面上所有代理、经销和加盟政策，包括广义上的保险、直销、微商等政策。

1. 推荐奖

发推荐奖的目的是鼓励更多的人先进入 B 私域，然后用完整的制度和体系推动他们发展，这样就获得了 B 私域的不断裂变。比如，甲推荐乙进入 B私域，从而获得一笔一次性的推荐奖。

2. 级差奖

发级差奖的目的是鼓励已经进入 B 私域的人晋升到更高级别，得到更大的折扣，享受更多的差价。这相当于传统的经销代理体系，就好比浦东区代理商出货了，上海市代理商会赚取出货给浦东区代理商的差价，而华东区代理商会赚取出货给上海市代理商的差价。级差奖的本质就是"吃"代理商进货的折扣差价，并且层级越高，折扣越大。

3. 平级奖

发平级奖的目的是鼓励 B 允许下面的人升级超过自己，而不用担心自己被高级别的人打压，从而调动整个 B 私域每个节点的晋升积极性。这恰恰就是与传统的经销代理体系的最大区别与竞争优势。在传统意义上，浦东区代理商和上海区代理商是既定的。浦东区代理商不能通过自己的努力成为上海区代理商，我们也就无法激励浦东区代理商做出更大的业绩。在平级奖体系里，甲的下级乙升级到了与甲平级。我们为了安抚甲的情绪，防止其打压乙，也为了更大程度地调动乙的积极性，在乙与甲平级之后，对于乙的后续出货，甲虽然没有了级差奖，但是能持续收到平级奖作为补偿。

强调一下，实施的具体政策一定要合理、合法、合规。

3.3.2 IT 系统

在 B 私域里，企业和品牌都需要提供 IT 系统给 B，以便其管理团队和收入。IT 系统可以是 App、小程序和 H5 页面。

对于从上往下模式的 B 私域，B 的体量不会太大，其系统也不会太复杂，可以简单地理解成简版的 ERP 系统，完成库存管理、批发支持和基本收入管理即可。

但对于从下往上模式的 B 私域，B 的体量会较大，有几万、几十万，甚至几百万个 B，其系统也会偏复杂，除了上述的功能，还需要团队管理、收入管理、培训管理。这就像企业管理员工和绩效一样。

下面将重点介绍 IT 系统需要什么样的核心逻辑和管理功能。

1. 核心逻辑

关系链的完整性与准确性是 B 私域 IT 系统的核心逻辑，且原则上，任何人在首次进入系统时都需要立刻注册，主要分为以下两种情况。

（1）默认邀请码：B 私域里的甲分享出去任何页面和邀请海报（注册海报和购买会员海报），乙通过甲分享出去的页面和邀请海报注册就与甲形成了绑定关系，且这个时候默认有邀请码，所以"注册"仅需要手机号即可（若能自动读取邀请码并自动注册最好）。建议品牌在任何线上和线下宣传时都要附带注册海报的二维码，鼓励客户直接扫码进入系统，而不是让客户自己主动去微信搜索进入系统，所以新客户在进入系统时大概率是感受不到有邀请码的。

（2）必填邀请码：乙若直接进入系统（例如，靠搜索进入），则必须填写邀请码才能注册，此时页面会提示"如何获取邀请码"。乙按提示操作后页面中会出现品牌的官方微信（包括微信号和二维码），让乙添加品牌的相关人员为微信好友。接下来，品牌有以下两种选择。①直接给乙发送品牌的邀请海报，邀请其扫码。②根据乙的地区属性，找到该地区优秀的 B。品牌引荐二人通过微信认识，让 B 把他的邀请海报二维码发给此人，且完成接下来的传帮带工作，一步步地带领其先付费，再让其成长为小 B、大 B。

补充：品牌需要先询问其是不是"完全靠搜索直接进入系统的"。如果发现他是好友推荐的，那么最好问清楚他的好友是谁，然后优先与此好友对接，让双方形成绑定关系。

2. 管理功能

（1）管理团队。

① 直接注册：通过"我"的邀请码完成注册且未有消费行为的客户的详细列表，包括头像、昵称、电话。

② 我的人脉：通过"我"的邀请码完成注册且有消费行为的客户的详细列表，包括头像、昵称、电话、级别等。

③ 我的团队："我"负责培训的所有小 B 的列表。

④ 重点客户：比如，购买过 10 件以上产品的会员、最近过生日的会员。

（2）邀请团队。系统可以生成两类邀请海报：①邀请注册。用户扫描海报上的二维码后先打开注册页，然后打开首页。②邀请购买。用户扫描海报上的二维码后打开直接购买页（若用户未注册，则需要先注册）。

注意：海报上需要凸显邀请人的头像、昵称、话术。

（3）收入管理。收入管理包括"我的收益"（今日、本月、累计收益）和"我的余额"（含提现操作）。

（4）培训管理。商学院和素材库皆为分类栏目形式，支持转发到微信好友、群、朋友圈等功能。素材库可以精细化，比如，每个单品的详情页都有自动匹配的有针对性的小素材库。

若品牌有 App，则最好其中内嵌培训功能，以便签到、通知、复学、沉淀内容等，帮助 B 更好地成长。

3.3.3　可零售性

谈到 B 私域，相信你很快会联想到几个词，比如，直销、微商、社交电商等。虽然它们都有分销属性 [分别属于从上往下（直销和微商）模式和从下往上模式（社交电商）]，但是很多原则和逻辑存在不同之处。其中，最核心的区别就是"可零售性"。

为什么有些微商的所谓品牌和产品的生命周期往往只有半年？核心原因就是货都压在代理商手上，根本没有动销，即终端零售根本没有实现。究其原因，就是价格不合理（贵）。

社交电商行业有一句经典的口号是"自用省钱，分享赚钱"，但前几年几家知名社交电商公司倒闭的根本原因并不是政策设计违规，而是"货不行"。试想一下，客户花几百元买了产品，回家后发现，这个产品根本不值这个价，甚至在淘宝上花几十元就能买到，此时客户的心情怎么样？

所以，品牌和企业希望起盘 B 私域的前提一定是货的品质和性价比都要高，一定要自用满意，有口碑，然后才能分享赚钱。

3.4　培训好：系统化、标准化

我们在与很多老板交流时，明显可以感觉他们对做 B 私域这条路是非常向往的，但是担心做不好。其实，对于各位老板来说，B 私域一点儿都不神秘。

举个例子，作为老板，你是不是能够连续三天三夜介绍自家的产品或服务？你们公司的第一批客户、第一批代理商是不是都由你"聊"出来的？因为你就是公司最好的销售人员，不断地对外科普自家产品或服务。只不过之前你是靠自己的能量在做，而 B 私域是通过建立一套可被快速复制和标准化传播的体系，解决你本人只能传播给身边人的局限性，快速实现 N 倍传播裂变，把你的能力赋能给私域的每个 B 节点，并不断地传播出去。

3.4.1　招商说明会

如何召开一场 30~60 分钟的线上或线下招商说明会，最大概率地招募 B 呢？

简单来说，主讲人首先做自我介绍（要真实、真诚），再描述自己经营这个副业的收入情况，其次介绍产品或服务的核心竞争力，并解释完全可以利用自己的社交半径一步步把这个副业做好，再次介绍"小大 B 政策"，强调品牌的实力、产业发展趋势和红利，最后介绍如何参与经营成为小 B 或大 B，以及如何一步步做好小 B 或大 B。品牌会提供完整的培训赋能体系，如

"新人六天训练营"和《新人手册宝典》。最后，品牌分享优秀 B 的真实创业心路历程。

下面深度剖析如何召开线上招商说明会（线下招商说明会的大框架一样）。

1. 流程 SOP 体系

1）准备

[品牌]需要先与负责邀约客户参加招商说明会的 B 集中沟通。

（1）每位 B 都需要充分认可品牌价值，调整好积极邀约客户的心态。

（2）每位 B 都要掌握邀约话术，明确邀约画像，精准邀约。这有助于培训后成交。

（3）每位 B 都要掌握成交 SOP，了解最易成交 48 小时定律。

（4）品牌公布本次招商说明会的特殊政策，解决"为什么必须要参加这次招商说明会，而不要等下次参加，以及为什么在本次培训后就要交钱"的核心问题，再配上"诱饵"策略（比如，限时、限购、名额有限等），实施饥饿营销。

（5）这是最后一步，也是最重要的。品牌需要与每位 B 都"定目标"，目标包括邀约人数、会后成交人数等。品牌要做好后续跟踪，持续赋能和复盘。

[主持人]协调好主讲人和分享嘉宾，准备好各自的形象照、介绍、海报

和课件，并与主讲人做好流程对接，甚至彩排。培训形式最好多元化，包括语音、图文、视频和案例等。分享嘉宾可以是自己人，也可以是核心的 B，建议多分享实际案例和真实截图。

[运营人员]需要提前建群，维护群公告，并进行后续的群管理。

2）邀约

开始邀约，B 要将邀约的情况及时反馈给主讲人。主讲人要及时调整培训课件和内容，务必要让绝大多数参加培训的人尽可能产生兴趣。

在邀约的时候，B 需要做好微信备注和标签，在开课时将这批人集中拉入微信群，以便后续跟踪。如果邀约被拒，那么没有关系，建议至少尝试三次。

B 在邀约时要注意以下三点：

（1）做铺垫。B 要用自己的实际体验做背书，让被邀约人一开始就打消对品牌的"敌意"，以便培训后成交。B 务必要让被邀约人明白为什么要来听这个培训，对他有什么好处。

（2）B 一定要提醒被邀约人准时听课，否则以后再去群里"爬楼"（看过往记录）会感受不到培训的氛围，且他只有在"现场"才能领取额外福利。

（3）如果 B 发现被邀约人没有决策权，而其身边的人有，那么需要邀请他身边的人一起听课。否则，他很可能在课后会以"我还需要跟××商量"为由拒绝成交。

3）开讲

在正式开讲前，运营人员需要再次用微信提醒被邀约人准时参加，宣导群规，维系群秩序（踢掉破坏者）和活跃气氛（发红包等）。

准时开始，主持人、主讲人、嘉宾依次开讲（主持人协助嘉宾把控时间）。

下面为参考流程。

（1）在群里，分别在招商说明会开始前 2 小时和前 1 小时发布倒计时提醒。

（2）招商说明会开始，主持人简单介绍本次分享嘉宾（1~2 位）。

（3）主持人隆重介绍第一位分享嘉宾（附上照片和文字简介）。

（4）分享嘉宾发红包。

（5）分享嘉宾开讲（期间可以发两三次红包，测试在线听讲人数）。

（6）主持人感谢分享嘉宾，群里的工作人员活跃气氛。

（7）主持人隆重介绍第二位分享嘉宾（附上照片和文字简介）。

（8）第二位分享嘉宾开讲（同上，期间可以发红包测试在线听讲人数）。

其他分享嘉宾环节，复制以上的流程。

（9）主持人感谢分享嘉宾和所有人的参与，说结束语。

流程中需要重点突出仪式感。

进群：原则上对每位进群的人，运营人员都需要@他，欢迎他。

解散群：招商说明会当晚或次日上午解散群，由主持人发布解散话术："非常感谢群里面的×××们参加我们的×××招商说明会。本群现在就解散了。有兴趣加入我们×××的小伙伴请一定要私信联系我哦。希望能在下周二×××新人六天训练营中与你重聚。"

重点：解散群更需要仪式感，以表达对群内每位伙伴认真负责的态度，加强好感和信任感。

4）会后复盘

品牌开复盘会，总结缺点和不足，团队吸取经验。之后，运营人员把群解散，无须保留，防止群成员互加好友。

品牌要把负责邀约的B召集起来再次强调在准备期说过的重点，鼓舞士气。品牌要让B在1小时后开始回访和转化成交（不要课后立刻去做，很多人可能都还没有听完），要充分把握好48小时定律。如果能打电话，那么最好打电话沟通。如果能见面，那么最好见面沟通。如果不能打电话和见面沟通，那么使用微信语音沟通，最差的是使用微信文字沟通。回访重点：①听完招商说明会的想法。②是否愿意加入，开启副业（甚至主业）。③还有什么不明白的问题和顾虑。

算一算：

如果品牌一开始安排了20个B，每个B邀约了20个有意向参与的人，也就是组建了一个400人的微信群。在一场线上培训后转化率为50%，也就是每个B裂变了10个C，收入为3990元（假设会员费为399元）。品牌的总收入约为8万元，裂变会员200个。这套招商说明会体系可以支撑几百个群同时开讲，边际效应很大。在这个过程中，品牌可以给很多小 B 赋能，使其最终成长为大 B。

综上所述，品牌办会的目的是为 B 赋能，使其借品牌办会的势能实现自身裂变、成交、招商的目的。同时，品牌也实现了招商的目的，实现了共赢。在前期 B 不多时，品牌可以让公司的全职销售人员来充当这个角色。

2．开讲内容架构

下面复盘一家成功招募过几百万个 B 的品牌，在办会中"开讲"部分的主要架构。该架构共 11 个部分，你可以按做填空题的方式，轻松地设计出自己的 30～60 分钟版本。

第一部分：分享嘉宾先做自我介绍，越真实越好，若曾经有失败的创业经历，则可以多复盘分享。然后，分享嘉宾介绍自己如何在今天要讲的品牌上开启创业之旅，并展示自己的真实收入，用真切的代入感来打动听众。

分享嘉宾可以按以下两种模式分享。

（1）从上往下模式。一般都由大 B 来谈自己的故事。

（2）从下往上模式。现在的大 B 往往都是从小 B 一步步做起来的。比如，自己是很普通的本科毕业生，在两年里并非自己的个人能力突飞猛进了，而是借助了社交新零售的趋势红利，"选择大于努力"。

第二部分：分享嘉宾介绍品牌和公司实力，以及核心产品或服务。最好能够有对比，特别是价格锚点，能够体现超值。分享嘉宾还需要使用行业权威数据，以及各种真实的使用案例（最好都是分享嘉宾自己的）。

第三部分：分享嘉宾介绍 B 私域的分润制度，以及靠裂变带来的无限可能性，从而说明任何人都能开启创业之旅，打消听众的顾虑。

在这里，分享嘉宾可以说出一个问题，即"是一个人销售赚钱多还是一群人销售赚钱多呢？"答案肯定是后者。这就是社交新零售商业模式的优势。

第四部分：分享嘉宾介绍什么是分享经济和社交新零售，强化上述第三部分提到的分润制度。

传统的电商平台和线下实体店（零售业和服务业）引流的主要方式是广告。虽然也有一些人自发地分享带来一些流量，但是它们并没有专门制定一套奖励制度鼓励你分享。你可以回想一下自己的分享经历。比如，你给身边的亲友分享过哪家饭店的饭菜好吃、哪家店铺的衣服质量好吗？社交新零售就是发现了这个商机，专门制定一套奖励制度吸引人们去刻意分享"引流"。每个人不但因为要分享成了平台稳定的客户，而且也成了平台的流量入口。这样的变革给普通个体带来了巨大的机会，就像以前的淘宝，在流量红利期带富了最早开店的那批人。

第五部分：分享嘉宾介绍如何开启自己的创业之旅，也就是如何靠享有品牌的经营权获得分润制度的收益（社交新零售的红利）。同时，分享嘉宾介绍品牌的成交载体（App、小程序或 H5 页面）的基本操作功能。

第六部分：分享嘉宾介绍品牌的实力，包括各种背书、荣誉、成就，以及投资方等，强调选择该品牌是最正确的，因为很多机构、组织和"大咖"都选择且认可了该品牌。

第七部分：分享嘉宾强调，现在做任何业务都要以流量为王，而品牌的流量是每一个普通个体通过分享累积来的，这和传统的电商平台或者线下实体店获取流量的方式完全不同。

由于现在传统电商平台的商家爆满，流量获取越来越昂贵。我们推广品牌其实就是搭建起一个个流量渠道。我们只需要销售，而发货、囤货、售后服务都由品牌替我们做。初期我们可能只靠自己销售挣钱，等到我们邀约了新的创业者或兼职者以后，他们就相当于我们为品牌搭建的新的"引流"渠道。这些流量渠道都是由我们搭建的，品牌会给我们相应的奖励。这样的流量渠道铺得越来越多，产生的效益就越来越大。

第八部分：靠平台实现自己创业的同时，也搭建了自己的私域。

第九部分：每个人在品牌搭建的这个平台上都可以开启创业之旅，真正实现"大众创业"，特点就是轻创业、低投入、低风险。分享嘉宾要强调做这件事是完全可以挣钱的，而且不是挣小钱，如果用心研究并付诸行动了，那么经过几个月的努力，每个月可以有几千甚至几万元的收入。因为社交新零售是趋势，普通人借助趋势也很容易挣到钱。

第十部分：关于招募小 B，有以下四段话可以供分享嘉宾参考。分享嘉宾可以用自己的口吻分享。

（1）我可以通过销售品牌的产品或服务，从身边筛选出一群信任我、认可我、愿意和我一起做事的人，并且他们跟我思想和行为同步。我们可以一起成长。他们不一定来自我的身边，可能来自全国，甚至全世界。

（2）我还可以看看自己是否有创业潜力。我花几百、几千元就能开始创业，有人手把手教，而且已经成功的人会传授其经验让我少走弯路。如果这样还做不好，我要么调整自己的心态下更大的决心，要么可能真的没有创业的能力。

（3）我正好可以通过这次轻创业，搭建一个属于自己的私域。之后，当别人还在找资源、建渠道的时候，我已经有自己的渠道资源了。

（4）哪怕我不把这次成为小 B 当成创业，仅仅自用这个产品或服务，长期按折扣价算下来也省了不少钱，还能交到很多朋友，拓展人脉。

第十一部分：开始铺垫成交。要想成为品牌的 C 或 B 非常简单，付费购买任意（或精选）产品或服务即可。此时，分享嘉宾可以引用更多成交数据和案例来烘托气氛，做好铺垫。

以上是开讲内容架构。企业和品牌用填空的方式即可做出自己的 30～60 分钟版本的招商说明会标准台本，用于招募更多的 B。

3. 实战案例

对于上述"开讲内容架构"里的第一部分，你需要从个人角度出发，用真实情感来说明为什么选择该品牌开启自己的创业之旅，招募更多的 B。下面的实战案例（全职宝妈）供你参考。

（1）在带孩子的同时实现个人价值，做自己喜欢的事情，还能将其变成职业。

我与大多数宝妈一样，在生完孩子后每天有各种琐事，深陷其中，整天带孩子和做家务。虽然带孩子很幸福，但是每天不停地重复，我有些不满，特别是看到曾经的老朋友、老同学、老同事，在职场上越来越高升，或者生意越来越红火的时候，在羡慕的同时，更对自己的未来和职业产生了一丝迷茫。其实很多人都担心全职宝妈离开职场后会与社会脱节，不好再找工作。

每当听到这些议论时，我就会有压力并产生焦虑，从而产生了一边带孩子一边创业的想法。

随着孩子一天天长大，花销也一天天变大，需要买尿不湿、玩具、奶粉、上培训班等，现实的经济情况更坚定了我创业的想法。因为孩子上的是私立幼儿园，每个学期的学费和课外兴趣班费用要几万元。作为妈妈，我希望自己的孩子能够赢在起跑线上，拥有更好的学习条件、环境和资源，甚至多出去看看外面的世界，开阔眼界，增加见识，但这些的背后是不小的经济压力。

无论是个人的发展还是家庭的经济压力，都让我开始寻找适合自己的创业机会。孩子现在还小，坐班不太现实，所以我把目光锁定在创业上，但开线下实体店创业至少要几十万元投资，风险还是挺大的。所以，我最终选择在线上创业。因为在线上创业，时间和空间都比较自由，对于没有原始资本和创业经验的我来说再合适不过了。

（2）线上创业的低风险。多一份自己的事业，未来就多一种可能性。

我的家人希望我能找一份稳定的工作，比如在事业单位上班。所以，毕业后我参加过公务员考试，结果差了几分没有考上，然后选择了一份朝九晚五的工作（每个月工资有几千元），一直平淡地生活，因为生孩子被动离职了。

我偶然了解到还可以在线上创业，且在线上认识了不少优秀的人。他们来自天南海北、各行各业，比如医生、老师、职员、公务员、"斜杠青年"、实体店老板等。我的圈子一下子扩大了很多，并且随着不断地交流，我的观念也不断地被影响而发生转变，于是我也下定决心开启自己的线上创业之旅，做一名"斜杠青年"。

我越来越深刻认同，若只靠"死工资"，人生肯定难逆袭，特别是没办法改变个人和家庭经济状况。即使工资从生孩子前几千元涨到几万元，也很难存下钱，因为要减去每个月的家庭开销，包括房贷、车贷，并且收入是有"天花板"的，所以我打心眼儿里认同，要想改变自己的人生，做一份副业是非常有必要的，特别是在还有主业的情况下，可以实现复合型事业发展。就算像我这样的全职妈妈，也可以在带孩子的同时，利用碎片化时间来做自己喜欢的事情。这样不仅丰富了自己的生活，还能实现个人价值，获得收入。

话说回来，如今所谓的"铁饭碗"已经不再像过去那样。现在真的还有"铁饭碗"吗？

我曾经看过一本书，书中这样写：如果你只有一份工作，当未来出现各种风险时，比如身体原因、孕产原因，很容易就离开工作岗位了，或者，当你对领导和工作内容特别不满意，想换工作时，你突然发现一旦离职，因为年龄大了，就很难再找下一份工作，离职就失去了一切，所以还要忍下去。这是你想要的生活吗？

所以，为了应对上面提到的风险，复合型事业是非常不错的选择。在做主业的同时，我可以结合自己的兴趣爱好，同时经营几份副业，在这些副业上获得越来越多的经验和资源，同时也能多几份收入。即使有一天主业不行了，我也能有其他收入，至少不会"离职就失去一切"。社交新零售是目前我找到的最好的线上创业的商业形式。在选择做×××这段时间，我发现其实不仅获得了新的收入，还扩大了人脉圈、生活半径，增加了见识，并能够不断地学习专业知识和提高自己的能力。在很多时候，真的是"选择大于努力"。当圈子更大的时候，人生会有更多的可能性和机遇！

（3）增加一份收入。

收入可以分为两种，一种是主动收入，另一种是被动收入。主动收入主要是指你必须要靠自己的时间和精力的付出去交换而获得的收入。比如，你必须去上班，必须工作，才能获得工资。被动收入是什么呢？被动收入是指即使你不用持续花时间和精力，也依然每日有收入。简单来说，就算你不工作，也能正常获得收入。

大多数人的收入都属于前者，在中国乃至全世界都是这样的。

再看看家庭教育，比如我的父亲之前在国企上班，母亲是公务员。从小他们就教育我，让我好好学习，将来考入好大学，学到专业技能，毕业之后找到好工作，然后工作几年，再跳槽到更好的公司，获得更高的工资。

事实上，很少有人会拒绝一份高工资的工作，但很多人都明白主动收入很难让自己获得财务自由。特别是在一线城市，扣除各种生活成本（包括房贷、车贷、子女教育费用），你会发现，在仅有主动收入时，你很可能永远都处在一个缺钱的状态，且会很焦虑，因为生怕哪天就没有主动收入了，或者主动收入不升反降。有人会觉得有些人的收入很高，比如医生、律师等，但他们获得的收入本质上还是主动收入。如果他们生病不能工作，还是很可能会没有收入。

即便你知道这些道理，最终也还会选择一份工作去做，且兢兢业业，不辞辛苦，以防一旦生病、受伤、离职，收入可能就没有了。这种收入模式很难让你实现财务自由。所以，你要想让收入结构发生本质改变，并不是提高主动收入，而是想办法给自己创造一种被动收入。但被动收入往往属于有资源的人，这其实并不是大众都能做到的，比如，某人的父亲经营一家上市公司，他持有公司的股份，每年都可以得到大笔分红，但是有几个人有这样的资源和出身呢？

最近几年，我看到了很多年轻人利用互联网崛起，赚到了钱，且所有行业都在互联网化、物联网化。我完全可以用其作为工具，创造自己的被动收入，给自己源源不断地带来收入。就像我现在加入×××开启自己的创业之旅，可能前期创造被动收入的过程会非常辛苦，时间也比较长，可能需要三到四个月，甚至半年、一年，但一旦完成就代表收入结构发生了变化，利用了先进的互联网业态，创造了属于自己的"资源"，从而获得了被动收入。

这个"资源"到底是什么呢？在社交新零售，也就是分享经济的模式下，人即渠道。每个人其实都有社交半径流量资源，只是存在多与少、是否被察觉、是否被开发的区别。加入×××，我学会了一点一滴地将这些汇总成有规模且可以稳定产出可观被动收入的属于我的资源。

我是去年加入×××的。我认为这是一个线上创业的好机会，从而加入了这个项目，进入了一个新的圈子，接触了很多优秀的人，学习到了很多线上经营的思路和创业思维，给自己带来未来职业发展的各种可能性，所以我会在社交新零售这条赛道上继续耕耘。

以上就是我从个人角度介绍为什么当时会在众多社交新零售平台中毫不犹豫地选择了×××、它有什么优势和魅力吸引了我。接下来，我会重点与你分享。（接下来，引入开讲内容的更多部分）

3.4.2　新人六天训练营

因为 B 私域模式分为两种，即从上往下模式和从下往上模式。上面的给品牌交付的金额高，属于大 B，大概率接下来的执行力强，动力足。下面的交付的金额低，可能只有几百元，属于小 B。讲师就需要对小 B 加强培训，提高其意识。因为很可能成为小 B 对他是无感的，他不会太在意。

"新人六天训练营"是分销型 B 私域裂变的核心环节，特别是对于从下往上模式来说（几乎所有的品牌都能接受且易快速上手这种模式，因为品牌不一定有代理商或加盟商，但一定有客户 C，所以把 C 转化为 B，特别是小 B，是肯定能做到的），所以本节会非常详细地进行阐述，以便品牌深刻领悟且学以致用。

核心解决这个问题：C 为什么愿意成为 B，以及如何当好 B。

培训周期：6 天，从周二到周日，每晚 20:00 开始，不断重复。

重要原则：新成交的 C 或 B 务必在第一时间进入最近一期的训练营（入群），充分完成六天学习。

培训形式：如果 B 私域刚起盘，那么建议对新人培训用语音，甚至视频或直播，而不能仅用图文。

参考内容大纲：（说明：×××指代企业的品牌或平台名称）

第一天：什么是×××。

第二天：在×××开启你的创业之旅。

第三天：新人如何走出推广第一步。

第四天：微信使用技巧及必备 App 推荐。

第五天：如何建群及私域营销的重要性。

第六天：×××的制度。

下面详细复盘培训过百万个 B 的新人六天培训营的主要内容架构（经脱敏、优化、重构之后的版本），你可以参考并设计出自己的版本。

第一天：什么是×××。

首先，讲师宣布训练营开营，进行自我介绍，再强调学习过程中的注意事项，然后公布本群的一些群规则（比如严禁互加好友等），最后欢迎新人并强烈建议新人要听全六天的课程。

讲师要强调，×××的培训在社交新零售（私域）领域的招商、运营、教育等方面的先进性与稀缺性，让新人务必珍惜这六天学习的机会，认真学习和领悟社交新零售，思考自己该在其中扮演什么角色。同时，讲师再列举几个通过学习，成功地实现了个人价值和创收的案例。

讲师说出新人都关心的几个问题（先不用给答案），用同理心来尽快消除讲师和新人之间的陌生感。比如，×××的背景和实力怎么样？怎样才能与 C 或 B 成交？×××的分润制度是什么样的？

讲师要再次强调不要着急，请新人务必认真听完这六天的课程，相信都会找到以上问题的答案。

开始正式培训，先从"学习"本身开始达成全员共识，"学"是指认知、领会，"习"是指复习、实践。

讲师要强调学习态度和行为的重要性，以及如何做到"学"和"习"。看起来笨拙但真实有效的"学"是"手抄"《×××新人手册宝典》（这是 B 入门级的实操方法汇总，包括私域运营、朋友圈运营、建群、销售、成交等）。讲师要先让新人按图索骥，总结自己的经验和实际情况后创新出自己的方法，要让他多抄几遍，这样他才能真正明白关键点，千万不能只是读或看。

同样，在每天培训结束后，新人都要把手写的课后学习总结和心得拍照后发到群里，互相监督、学习。

除了手抄《×××新人手册宝典》，讲师一般还要强调以下两件必须要做的事情。

第一，让新人认识自己所属的更高级别的 B（团队长），让 B 带他快速融入 B 的私域（也就是他所属的私域）。在以后遇到售后问题时，如果他联系企业的客服解决问题不流畅，那么可以直接找 B 对接平台的管理人员来解决。强调：请将本群置顶。因为日常的产品推送、活动信息、培训信息、造势素材都会在群内发布，所以最好的方式是每小时抽出 5 分钟碎片时间关注本群消息，并收藏和保存有用的内容，每晚花 20～30 分钟对白天收藏和保存的内容进行整理与消化。

第二，让新人熟悉×××系统的操作。所有做 B 私域的企业都需要一套提供给 B 使用的系统，如 App、小程序或者 H5 页面。这就相当于 B 的云工作台，B 可以用它经营和管理自己的副业。就好比员工在企业要用 OA 系统一样，所以企业需要把入门级的简单操作以图文形式教给新人（这里省略）。

此时，听讲的新人肯定都使用过×××的产品或服务，有些人应该也使用过×××的 App（或小程序）的主要功能，比如查物流、追单等。社交新零售本身是分享式的销售，而分享诚意恰恰就来自自己的亲身体会。讲师一定要告诉新人牢记自己的这份真实感受，并将其融入接下来的销售过程中。

讲师要强调，新人需要深刻地理解×××品牌和企业的实力，只有自己很清楚了，当别人问到的时候才能很自信地说出来，从而影响他最终达成成交。

为了让新人更深刻地理解社交新零售，讲师可以列举身边的场景故事。比如，你现在买东西除了去电商平台主动搜索，是不是还会有另外一种情况？你买了一双鞋，搭配了一条心仪的裙子，朋友在看到后，感觉非常喜欢。于是朋友问你："这双鞋是在哪里买的？"你肯定很乐意把这双鞋的购买方式、地点、价格等分享给你的朋友，然后你的朋友就高兴地去买了。再如，你购买门票后进入某景区旅游，到了一处环境优美的景点，于是拍了很有大片感的照片发到朋友圈，还配上一段文字来介绍这个景点并描述此刻的心情。你的朋友看到后，在下面发表评论："呀，这是在哪里啊？我也想去！"

以上买鞋与去某个景点的消费行为，并不是通过个人主动搜索产生的，而是通过人与人之间的社交关系和社交信任产生的。

讲师要在这里引出并强调，通过社交所产生的消费行为，顾名思义，就叫社交新零售。

在主动搜索中商家是需要支付给平台广告费的，但在社交新零售中，商家则无须支付这笔费用，从而可以获得更高的利润。显然，这对参与了交易过程的我们并不公平。所以，我们是不是可以向商家主张，把这个利用了我们的人脉与信任，以及专业性所促成的交易所产生的利润，分给我们一部分呢？答案当然是可以的，所以才诞生了社交新零售，特别是 B 私域，就是要让我们靠自己的社交资源获得合理的变现收入。

讲师这时可以对新人强调，如果加入了 B 私域，成为一个 B，那么完全可以大大方方地向别人介绍这个非常好的商业模式。

讲师正式开始介绍×××的社交新零售（B 私域）商业模式："×××整合了某某行业优质的供应链或精选的多产品供应链，邀请愿意分享的你组建了 B 私域，你把自己认可的×××的产品或服务分享给身边的朋友，并合理赚取一部分收入。对于×××而言，它相当于把之前给平台的广告费省下来给了你，你们实现了双赢。"最后，讲师要强调×××的正品保证和完善的售后服务，让新人放心消费，也更有信心分享。

接下来，讲师最好从第三方的角度来证明×××的发展性和成长性，说服新人坚定地选择销售×××的产品或服务做自己的副业甚至主业。比如，×××是否接受过知名投资公司的投资。若有，则可以罗列，因为大众普遍会相信知名投资公司的选择往往是正确的。

下面详细说明×××的社交新零售体系、合理合法性和价值。

1. ×××的社交新零售体系

这是一种社交化的网状结构，不存在所谓的上下线，只有买卖双方的关系。所有人获得的收入，都是×××将传统的给平台的广告费按照分享经济的利益分配机制单独进行的奖励。讲师一定要让新人理解社交新零售体系的合理性，人们都是因为分享而被自然而然地邀请加入，不存在拉人加入的情况。

2. ×××的合理合法性

对于从上往下模式的 B 私域，这很容易解释清楚。其本质就是传统的经销代理体系，只是在场景中更多地融入了社交关系链，并支持满足条件后的升级（传统的相对固定的代理体系不具备这种优势）。

对于从下往上模式的 B 私域，可以做以下解释：销售×××的产品或服务既不是直销，也不是分销，而是标准的代销。

与传统实体店生意的商业逻辑类比，你在×××消费了 400 元购买其产品或服务，从而免费成为×××的小 B，拥有了×××的一个初级代理权。接下来，你每卖掉一个×××的产品或服务，就可以得到 100 元的利润。这与你去义乌批发市场用批发价买了一件衣服，然后在朋友圈里卖，最后赚了 100 元是一样的。

随着业绩不断提高，你将拥有更低的进货价，成为×××更高级的批发商，这与传统的生意逻辑是完全一样的。唯一比传统生意逻辑更先进的是，当你把×××的产品或服务销售给别人的时候，你也把整个平台的产品或服务的销售权，以及整个平台的轻创业路径，销售（授权）给了别人。

3. ×××的价值

从消费者的角度来看，讲师要重点说明×××在其优质供应链或精选的多产品供应链上的优势，以及品牌影响力、品质保障等。

从轻创业者的角度来看，讲师要重点说明×××可以让他以极低的代价、极小的风险，利用生活的碎片时间，无须进货、囤货、发货，在兼职的情况下，就可以开始创业，只要用手机就可以。

从事业型的角度来看，讲师要重点说明，如果你把销售×××的产品或服务当成一份事业，那么当你还是小 B 的时候，每销售一件产品或一次服务，便会得到一笔可观的收入，当升级成大 B 的时候，你还能额外得到×××发的绩效奖金、培训课时费、旅游津贴等。

从隐性价值的角度来看，讲师要重点说明，在×××，你可以在很短的时间里扩大社交半径，增加社交深度，提高个人能力和价值。同时，讲师可以将一些团建照片和视频发出来，凸显直观感受，特别是游玩的照片，并强调这是奖励给有特殊贡献的成员的福利，欢迎他介绍更优秀的伙伴加入×××。

下面是第一天的培训重点，即如何向别人介绍×××，这是小 B 开启创业之旅的第一步。人们都说第一印象很关键，线上也一样。很多时候可能在一开始就注定了是否可以成交。下面列举一个错误示范，有的小 B 一上来就发一大段文字或者十几条语音消息，或者大篇幅的品牌宣传图，这个时候对方大概率不会仔细去看、去听。相反，对方大概率会觉得他被洗脑了，会对这个品牌立刻警觉，甚至持怀疑态度，也不敢回复他。接下来，他再想成交就会非常困难。所以，在首次谈到×××时，要尽量简单、精准，切记不要长篇大论。

品牌最好提炼 3~5 句简单介绍×××的话，直接给新人（一定要做到这么细，这样新人才可能快速上手，执行好）。下面以 3 句为例。

第一句：介绍×××这个品牌，以及社交新零售模式的优势：自用省钱，以年和家庭为单位，自用省了多少钱，且全部包邮。

第二句：介绍×××的供应链优势、产品或服务突出的价值，以及企业的实力（包括资本、名誉、战略合作方等），突出买来体验的必要性。

第三句：社交新零售模式的优势，即分享赚钱，无须囤货、压货，无须打包发货，只要好好经营，一年就能赚不少。强调这是"傻瓜式"创业，甚至连呈现产品的各种视频、图片、文字素材，品牌都准备好了，可以用最简单的方式开启创业之旅。

新人可以用上面三句话来简单介绍×××是什么、怎么购买、怎么用，以及怎么开启创业之旅。

讲师要再次强调，不要像上面的错误示范那样，而要用简洁的话术去交流。当然，也不能直接复制和粘贴，最好在熟悉×××后，把上述话术转化成自己风格的话术，清晰、流畅地表述。这样，朋友的感受会大不相同。

讲师要叮嘱新人，不要因为很容易成为小B，而抱有"姑且一试"的心态，不要不把这个项目当回事。任何收获都是要付出努力的，天上不会掉馅饼。

提醒：没有抓住×××的社交新零售红利，是非常可惜的事情。

最后，讲师要再次欢迎各位新人加入×××，并让新人记得参加明天的培训。

第二天：在×××开启你的创业之旅。

讲师要先跟新人打招呼，然后强调"学"的精神，比如有没有反复多听几遍，以及是否动手写了学习笔记。

接下来，讲师可以再分享一些对创业的真实领悟，不断加强新人对创业的核心认知，且提醒新人创业的过程可能不会顺利，甚至会像坐过山车一样有高低起伏。

讲师要强调，学习的目的就是更好地前行。这时，讲师可以引出本节课的第一个问题：有多少人真的创业过，且最后成功了吗？

若培训对象以刚做小 B 的新人为主，讲师就说："据我们了解，群内的小伙伴大多没有任何创业经验或者没有做过生意。"同时，讲师说出今天培训的主题——聊聊什么是创业（生意），如何在×××开启创业之旅。

讲师可以先宏观地介绍什么是创业，强调创业其实是非常大的话题，尤其现在是大众创业时代，如果想学习创业，那么在网上搜一搜，去书店逛一逛，就能够找到很多相关的内容。讲师要强调，这不是今天的培训就能够讲透彻的。

然后，讲师说出今天培训的核心主题：聚焦到社交新零售领域，我们如何创业？

（1）产品或服务。任何创业的"根"都是产品或服务本身。这是新人必须先了解和学习的。只有自己充分了解、体验和认可，才能真正将其销售给身边的人。

（2）推广。对于没有创业过的新人来说，他们基本上没有渠道资源，所以其推广的方式主要有以下两种：①广撒网。比如，将产品或服务发到朋友圈或微信群。②单点突破。先梳理自己的人脉关系，找到有意向购买的 C 或 B，然后与其主动交流。

（3）陈列。讲师可以列举传统生意的例子让新人更好地理解。以开店为例，现在很多人都追求自己的风格，包括门面、门头、装修、店里的物件、店里的文化等。因为做好这些，可能会吸引更多路过的人，让他们走进店，只要有客户上门了，自然就有很多办法去成交，甚至还能发展老带新。今天，你加入×××开启了社交新零售创业之旅，你的微信号就相当于实体店。现在实体店都费尽心思让店面变漂亮、让陈列规整和专业，你肯定也需要在微信上花心思做陈列，特别是在你初次创业，没有现成的资源时。

在这里，讲师需要强调以下几点（延展：此部分的逻辑可类比微信视频号、抖音和快手）。

（1）发朋友圈就好比陈列。你在经营实体店时不会因为刚开业没有客人上门，就放弃陈列。同样，你也不要因为发朋友圈没有人点赞或评论就放弃发朋友圈。你要换位思考，当你看到朋友发产品信息时，即使文案再吸引你，你不想买，也不会去评论或点赞，因为不知道说什么。但是你一定会留下一些印象，当下次有需求的时候，一定会在第一时间去找那位朋友。

（2）每天坚持发朋友圈。如果一家店总是一会儿开业，一会儿歇业，三天打鱼两天晒网，你可能就不会走进去，会感觉这家店的生意并不好，很可能东西真不行。所以，发朋友圈也一样，你需要坚持，而不能今天发，明天不发。

（3）你发的内容就好比店铺的形象，所以内容很重要。你可能不会走进一家看起来很难看的店。

（4）每天发朋友圈内容的条数就好比店铺的经营时长。假设店铺每天只营业一两个小时，生意会做得好吗？同样，每天仅发一两条朋友圈内容，会吸引到你的社交半径内的人吗？

说到这里，讲师可以把内容升华一下。其实商业的本质是一样的，社交新零售与实体店也是一样的。唯一不同的就是，投入的大小与风险的大小。对于从下往上模式的 B 私域来说，每个小 B 开启创业之旅的时候几乎都是 0 投入、0 风险的。

其实现在很多实体店本身也在嫁接私域，不再追求核心地段或临街店铺，而是选择楼中店，在产品上新时给老客户群发通知就能出货，生意也能做得不错。而这不就与你现在正在做的社交新零售，搭建自己的私域很像吗？因为现在你刚创业，没有客户群的积累，所以你要先把朋友圈的陈列做到位。

这时，讲师需要再次强调，千万不要因为在一段时间内发朋友圈，没有人点赞、评论，也没有成交，就放弃了。这是很正常的事情，不要把创业路上遇到的小挫折放在心上。朋友圈是前期的销售或招商（陈列）和长期的展示必不可少的。

同时，讲师要给新人打一针预防针：通常都会遇到负面评价。当遇到负面评价时，你要先冷静，客观地分析评价的内容是不是事实。若仅是感性的恶意吐槽，那么不必理会，更无须争辩。一般发表这种评价的人都不是你的朋友，甚至你都不知道他是谁。你需要清楚地告诉自己，他不能代表其他人对你的看法。这往往只是他一个人的看法，可能来自他的偏见甚至嫉妒，比如，嫉妒你靠自己的努力不断地创收。

接下来，讲师要把话题重新引到创业。

（1）创业 vs 工作。

首先，你成为小 B，虽然投入很少，但是一定要重视这件事，否则肯定不会成功。

其次，最重要的是，每个人收入的秘密。如果你是打工的，那么你的收入可能只与人才市场有关系。你并不能因为业绩好而要求企业给你涨薪。假如此时有跟你能力一样且还比你工资低的求职者来应聘，企业很可能不但不会考虑给你涨薪，甚至还会考虑是继续雇用你还是雇用他，但如果你利用社交新零售自己创业，那么你的收入将直接与市场经济挂钩，即只要这个市场快速发展，且你能做出更多的业绩，这些业绩就都能变成你的收入。若你希望改变自己的收入结构，则必须要坚持在×××的创业。

（2）创业的困难和风险。

创业都会遇到困难和风险，开一个淘宝店要花三四千元，开实体店可能需要几十万元甚至上百万元，并且不一定能成功。如果失败了，你能承受吗？所以，创业本身的困难并没有改变，只是大大地降低了创业的投入和风险。如果你仍然觉得难，估计就不适合创业了。

最后，讲师要再鼓励一下新人，让其务必在×××提供了这么好的创业条件下，尝试一下，不然很可惜，但若尝试，则必须要努力，要好好"学"和"习"。若只是抱着随便试试的心态，则一定不可能成功，还不如一开始不尝试。

那么如何才能在×××取得成功呢？讲师要总结性地说出这两天培训中的核心要点作为第二天培训的结尾。

1. 学习

讲师要强调在第一天培训时提到的什么才是科学的"学"和"习"，要让新人手写每天培训的学习笔记，这样他才能最大限度地将内容弄明白。因为这些都是已经成功的宝贵实战经验，一定能让新人不用再自己摸索，从而少走很多弯路。

2. 坚持

做任何事情，都要坚持，无论是在第一天培训时提到的手抄，还是今天提到的陈列和推广。同时，要坚信自己的选择，不要轻易被别人影响，从而情绪化，也不要给自己留退路，成功在很大程度上都是逼出来的。很多成功的企业家在谈论自己如何成功的时候，多少都会提到，其实他们是被逼出来的，当时并没有退路。虽然你不会碰到如此绝境，但是务必要勇敢地踏出第一步，自信地大步走下去，千万不要缩回来或者在半路犹豫。在创业时总会遇到困难，任何人都一样。为什么总有少数人走到了终点，取得了成功呢？那是因为他们解决问题的能力强。所以，你需要快速提高自己的能力。在这次创业之旅中，你获得的个人成长一定会终身受用。

私域，你做的可能是"假的"

3. 自用+分享

××× 把社交新零售从商业理论变成了实实在在的生意，而你也选择加入×××。所以，你更需要努力地将自己的真实自用体验通过社交半径（包括微信群、朋友圈、视频号，甚至抖音和快手等）不遗余力地分享出去。做生意都需要不断地推广。

今天的培训到此结束，讲师最后做收尾："创业是大话题，今天就先管中窥豹，在后续实践中你会不断领悟。"

第三天：新人如何走出推广第一步。

讲师先做开讲前预热并欢迎新人，然后强调要认真消化昨天的课，因为其中有大量的内容涉及发朋友圈对社交新零售创业的重要性。

重要提示：今天的培训示例主要基于发朋友圈，但其实这部分的逻辑同样适用于微信视频号、抖音、快手等，所以品牌可以根据自己的特性进行类推，研发更合适的培训内容。

今天的重点是帮助新人走出第一步——"如何开始推广"，采用"文字+截图案例（或视频案例）"的培训方式，以便新人直观理解。

首先，讲师需要强调发朋友圈的重要性，然后说出一个经常遇到的情况，如下：

在刚加入×××创业时，你会很兴奋，选一个产品立刻将其发到朋友圈，让朋友来买。换位思考一下，当你在朋友圈看到某个朋友只发了一个产品购买链接而没有任何描述信息时，你是不是会觉得很惊讶，并且也不会买？

问题出在哪里呢？是因为你没有做好前期准备。还以实体店为例，你可以想象一下新店开业都要做什么，要邀请礼仪公司举办开业典礼，要邀请亲朋好友和商业伙伴来祝贺，要请媒体报道，要放礼花、鞭炮，举办演出活动等。与之类似，你现在成了×××的分销者 B，拥有了×××的经营权，开了×××的加盟店，只是这个店是开在手机里的。所以，如果你能想明白这点，按照经营实体店的心态，还会随便发一个广告到朋友圈浪费朋友圈的曝光机会吗？

接下来，讲师需要说出问题：如何做好准备工作呢？

其实与开实体店相似，你要梳理一下自己的社交关系，特别是关系好的同学、朋友、同事、亲戚，然后一对一联系，最好是打电话，其次是发微信消息。关于说什么，可以参考第一天培训中提到的向别人介绍×××的三句话。同时，你要强调自己实际体验后觉得真不错，想把销售×××的产品或服务当成自己的一份事业来做，需要得到他的支持、信任。如果开实体店，经过一对一联系后，开业当天就会有很多人来捧场。对于销售×××的产品或服务，就是在你的×××线上店里，朋友来捧场，购买，给你增加人气和自信心，其实本质完全一样。

无论是开实体店还是开×××线上店，你都要很正式且真诚地与关系好的同学、朋友、同事、亲戚一对一进行电话沟通，甚至拜托他，显示出跟他关系很好且很需要他帮忙，要让他有被需要感和成就感。如果对方最后真的完成购买，你就要铭记在心，因为这算一份人情，在以后对方需要帮助时，你也要在第一时间帮助他。

虽然一开始他的购买在很大程度上是因为你的情面，但只要有了第一次购买，你就可以邀请他进入你的×××客户群。对于多品类平台，你可以把每日特价产品、爆款产品都分享到群里；对于单品类品牌，你可以把每日的相关专业科普知识和优质内容分享到群里。

同时，你可以拿出一部分利润作为红包回馈给他。慢慢地，他就能更充分地接受和认可×××，也会成为你的忠实粉丝。一开始你可能只有几个粉丝，因为他们真的认可×××，慢慢地会通过各自的传播，邀请更多人，而这些人也会经历从一开始看情面到真正认可，最后也都成了你的忠实粉丝。

此时，讲师说出今天培训的核心主题：如何发朋友圈？

1. 基本原则

原创的效果好于复制和粘贴，特别是真诚的分享。下面介绍几种思路。

（1）总结自己如何一步步充分认可并选择销售×××的产品或服务作为自己事业的心路历程。

你一定要明白，当时你的观望和犹豫心态正是此时你的朋友的心态，所以你需要把自己如何下定决心选择销售×××的产品或服务作为事业，用自己的语言风格写下来，提炼出自己的心路历程，包括做些截图，然后将其分享给自己的朋友，让他们看到你当初和他们一样，他们现在顾虑的也是你曾经顾虑的，你现在已经亲自验证过了，且目前收获了很多，包括个人能力和成长。

相信此时你的朋友在听完这些后会很容易接受×××并做出决定。切记，只有你自己的故事才是最能打动你的朋友的。

在这里可以强调一下你体验×××的产品或服务的感受，如这确实是非常好的产品或服务，性价比超高。你最好讲一个使用时的真实故事。

（2）在向别人介绍时一定要先介绍×××品牌和企业实力，再去介绍产品或服务，且以自用体验为主。

首先，你需要向朋友介绍×××品牌和企业实力，让他放心，所以你在发朋友圈时一定要先发宣传×××品牌和企业实力的，让他有基本的信任感，因为很多人第一次买你卖的东西，所以难免会怀疑你卖的东西不是正品。你需要先让他们信任你，这就来自×××品牌和企业实力，其次才是具体的产品。

你一定要以自己的体验分享为主，不要一上来就邀请别人加入×××进行创业。切记，二八原则，只有 20%甚至不到 20%的人才会选择将销售自己认可的产品或服务作为自己的副业甚至事业。不是每个人都想做这件事，切莫强求。

其次，如果你的朋友认可了×××，愿意考虑加入×××。这个时候你就需要晒一晒×××赋能 B 的实力，这与你在选择学校时要看师资和学术力量一样。无论是×××专业的"新人六天培训营"，还是×××商学院、×××素材库，都是让你的朋友最后正式加入×××的"定心丸"。

（3）晒平台，晒团队，晒热闹，晒趋势，晒坚持，晒成绩。

① 晒平台和团队。比如，×××会定期举办重要活动，甚至与资方的会议（比如私董会、股东会），会邀请优秀的 B 参加。如果你有幸参加，那么最好。如果名额有限，你不能参加，就转发参与活动的 B 发的朋友圈内容。转发的目的是，让更多人知道你们是很优秀的一群人，成长快、格局大；同

时，×××也很重视你们。所以，选择加入×××成为B，就能跟着你们一起变优秀。

② 晒热闹。对于开实体店来说，你肯定希望门庭若市。因为这代表了生意兴隆，能成功地引来人们围观，引发人们的好奇，让他们也想看一看或体验一下到底是什么样的产品或服务这么吸引人。线上店一样，发这类朋友圈的目的是，在自己的朋友圈引起热烈反应，让朋友纷纷留言或者咨询如何才能像你一样加入×××，也做一份副业。

你每天都要从不同的角度反复晒，无论是成交的、自购的、邀约的，还是没有成交的、没有邀约成的，从过程和咨询角度也可以反复晒，哪怕对方只问了一下也可以晒。但切忌一股脑全发出去，应该分时段去晒。你每天都这样晒，朋友们自然就会很好奇×××是什么，感觉你很忙。有些人喜欢凑热闹，所以你要把朋友圈打造得热闹，这就是造势。

③ 晒趋势。朋友圈还可以呈现以下内容：你的朋友默默地购买了你发在朋友圈的产品，在体验满意后，最后也选择加入了×××。这一方面说明，虽然你的朋友圈很少有人点赞和评论，但是朋友们看到了你发的朋友圈，在有需要时，肯定会来找你买；另一方面，你也可以分析一下该朋友为什么和你一样也选择了×××，在很大程度上是因为他看到了社交新零售行业趋势，以及灵活用工的趋势。创造财富已经进入多元化的时代，他能看到×××的未来，愿意把握住这个机遇。这既是你自己做的总结，也是写给更多朋友看的，用最真实的领悟去影响更多人。

④ 晒坚持。你要晒每天坚持经营×××，如何认真地对待这次创业，以及×××对你的培训和赋能。你不一定要晒金钱，可以晒个人成长，要让朋友们知道你并不是心血来潮，三天打鱼两天晒网，而是认真的，并且这一

定是一个有发展前景，靠自己的努力就会有收获的事业。

⑤ 晒成绩。比如晒自己的客户群从几人短短几天发展到几十人，感叹"选择大于努力"，充分肯定和认可社交新零售的红利和风口价值。

线上是虚拟的世界，相信在你的朋友圈里也有不少陌生人。如果除了朋友圈，你还想运营微信视频号、抖音、快手，那就更要面对大量的陌生人。如何快速建立与他们的信任关系是让他们消费的关键，"晒"是最重要的解决路径。

2. 进阶技能：找到自己的语言风格

朋友圈的内容最好个性鲜明。每个人的性格和经历都不同，表达方式也不一样，所以都有自己发朋友圈的风格，有霸气直接（链接一发，爱买不买）、娓娓道来（我来跟你讲啊……）、文艺小清新、简洁风趣等风格。总之，真诚是第一位的。你不需要使用华丽的辞藻，只要表达最真实的感受，哪怕使用大白话都可以。切忌使用硬广告，因为分享的目的不是销售，所有的文案都应该有自己体验后的温度。

微信号的头像最好是你的照片，且微信号的名字要既好记又有亲切感。你可以想象一下，如果你要与一个人沟通，他的头像是卡通图片，名字是一串"火星文"，那么既不方便找到他，也很难建立信任感。

人们都喜欢漂亮的东西。你可以多发自拍照（只要清晰，让人看起来舒服就好），晒自己的生活，让朋友感受到你的生活状态和情况。这样，你才能在朋友圈吸引他们停留，以便保持沟通和互动，只有多联系，才能建立和保持信任感。

你一定要学会自拍，特别是一定要多发用×××的产品或服务的照片，且要花心思，无论用上述哪种风格，让人觉得有意思最好。朋友圈本来就是晒的场景，你要做到让生意生活化，这才是社交新零售的核心吸引力。

只要做好这些，通过慢慢积累，通常在三个月后会迎来爆发。当然，之前信任背书做得好的人爆发的时间会提前。

3. 进阶技能：发朋友圈的技巧和策略

因为朋友圈内容最多显示六行文字，所以你的表达一定要简单明了，否则，一是信息展示不全，二是朋友没有耐心去看，因为这遵循三秒钟法则，就好比你去逛街，一条街上有很多店铺，你的目光会一扫而过，如果店铺没有在前三秒钟吸引你，你可能就走过了，线上的道理一样。所以，你一定要学会用文字吸引眼球，参考上述提到的要生活化和有自己的语言风格。这样才能让人感受到你用心了，愿意多停留几秒看看。其实这个道理不仅适合朋友圈，也适合更多的地方，如标题在三秒钟内一定要吸引人，这样才会让人继续看你的内容或视频。

至于配图，最好只使用一张图片。如果图片过多，冲击力就会大打折扣。你要尽量把图片控制在四张之内，且使用清晰的大图。同时，图片跟文案一样，要生活化、场景化，这样才有温度。比如，你可以拍一张办公桌或吃饭时的照片，把×××的产品刚好显示在你的照片里，既说明自己努力工作，又植入了软广告。

对于发朋友圈来说，每一条内容最好只说明一个点。只有这样，你的朋友圈内容才容易被记住。如果点太多，那么朋友很难记住重点或者其中任何一点。如果一个产品有很多特点，一条内容介绍不全怎么办呢？那就多发几条朋友圈，这就好比店员向你推销产品一样，在他第一次说时，你根本不会上心，但他说两次时，你就会觉得要仔细考虑一下，在他介绍第三次时，你就会想买了体验一下吧！发朋友圈也一样，看久了也就不排斥了。

下面为一天中发朋友圈的节奏。

7：00 左右，一日之计在于晨。一般来说，在早晨发一些奋斗的语言更容易引起共鸣，传播正能量。

10：00 左右，可以发一条自己使用×××的产品或服务的心得感受，要突出性价比高、口碑好的特点。切记不要发硬广告，而要发故事化、场景化的软广告。

12：00 左右，可以发一些强互动性的话题，吸引朋友围观，比如上面提到的晒平台、晒团队等，可以晒成交后的买家秀，还可以晒未成交的咨询截图，特别是其中很多问题也正好是目前在看你的朋友圈的好友的疑惑（懒得问你），而当他看到跟他有一样问题的人得到你的解答后，也就解决了他自己的疑问，下次当他有需求时就会直接找你下单了。

16：00 左右，可以发一些产品或服务的真实客户反馈，以及复购订单。这样才能展现产品或服务的全貌。首先，这一定要是好产品或服务，其次才能基于此创业。

20：00 以后，可以发一些自己在×××的心路历程（包括学到了什么、收获了什么），或者×××的品牌优势与发展前景、社交新零售行业的红利等。因为在晚上，特别是夜深人静的时候，人们比较容易静下心来思考，会好好研究你推荐给他们的×××到底是什么。

私域，你做的可能是"假的"

4. 高阶技能：成为行业专家

因为最好的销售人员往往都是该行业的专家，所以讲师要强调，一定要在成为×××的 B 之后，多学习和掌握×××所在品类和行业的专业知识。讲师也要强调在×××商学院学习的重要性，因为这会给你提供相应的行业培训，让你快速掌握专业知识，而这恰恰也是你在这份事业中能收获的更宝贵的专业财富。

今天的培训到此结束，讲师最后做收尾，能否走出第一步对很多小 B 来说都是成败的关键，需要在后续实践中不断领悟。

第四天：微信使用技巧及必备 App 推荐。

今天的课程分为两个板块：微信使用技巧和社交新零售创业必备 App。

1. 微信使用技巧

我们每天都在用微信，主要用它聊天、发朋友圈、抢红包。也有些人用微信视频号发视频。其实微信还有很多使用小技巧，今天讲师要让新人快速熟悉并且利用这些技巧高效地接收、处理信息和搭建自己的私域。

讲师需要按照"问题—答案（并配上相应的截图）"的方式来进行详细的培训。

说明：因为微信版本的更新速度很快，但本书没法随时更新，所以下面仅列举几个常见问题，请讲师自行搜集最新的答案。

（1）查找聊天记录。如果只记得某次聊天中的关键词句，但不记得是哪位朋友发的，如何快速找到该聊天信息呢？如果记得是谁发的消息，那么怎么在与他的众多聊天信息中快速找到该条信息呢？如何把聊天信息收藏起来？如何给聊天信息贴上分类标签（比如课件），以便通过标签快速查找到这类信息？

（2）转发聊天记录。如何一次性转发多条聊天记录（特别是咨询对话和群内的培训消息）？

（3）设置朋友圈权限。如何不让某些朋友看到自己发布的内容，或者只让某些朋友看到本次发布的内容？

（4）设置好友备注。有些好友经常换头像和昵称，或者有昵称相同的好友，如何添加备注以便区分他们？如何将好友进行分组，比如朋友、同学、同事、意向客户、客户等？

（5）群发消息。如何把同一条消息群发给多个微信好友？

2. 社交新零售创业必备 App

当然，就算你不创业，掌握这些 App 的使用方法也能帮助你提高朋友圈的"颜值"。讲师详细列举一些 App 的特性和功能。

说明：由于 App 本身更新快，所以本书仅从需求和功能出发，讲师要自行搜集能满足需求的最新、最好用的 App。

（1）图片美化需求。除了打标签、做标注、打水印、打马赛克等功能，还有画笔、海报模板（要有海量的海报模板）、长图模板等，均适合新手用于制作出精美的宣传图片。

（2）自拍需求。前一天培训提到信任需要自拍来建立，所以我们需要 App 帮助我们让自拍更有范儿，甚至带有电影质感，最好能自拍出有时尚大片的效果，包括复古、贴纸、滤镜、特效等。

（3）拍美食需求。食品饮料赛道或线下餐饮连锁品牌，需要选择一款有不同滤镜效果的 App，要根据拍摄食物的不同属性（比如美味、浪漫、新鲜、清凉、香甜等）选择对应的滤镜，再加上字体和贴图，可以让照片看起来就能引起食欲。

其实今天的内容若配上截图会很多，讲师到这里收尾。

友情提醒：对于从周二到周日的新人六天训练营来说，今天应该是周五，也就是每周的最后一个工作日。所以，讲师最后可以提醒一下，说："经过一周的辛苦工作，又刚完成第四天培训，现在你可以放下手机，多陪陪家人。"

第五天：如何建群及私域营销的重要性。

讲师先欢迎新人，然后强调社交新零售的本质就是分享经济，是通过人与人之间的信任，依托线上来做传播和销售，即以个人为圆心，利用个人的社交圈将×××辐射出去，就像把一粒石子扔进荷塘一样，会激起一层层涟漪，向外辐射到无限远。

下面具体阐述三种辐射方式。

前两种方式分别是1对1单聊和1对多的朋友圈，具体的内容之前在培训中都详细介绍了，今天主要讲的是第三种方式，建立自己的私域，也就是微信群。

第三种方式会占到社交新零售产值的 90%。在之前的课程中讲过，在朋友圈主要做推广和陈列，朋友圈相当于实体店，而微信群才是真正"种草"、"拔草"、成长和裂变的地方，相当于实体店的店内经营。

讲师在这时说出新人关心的问题：很多人会问好友少怎么办。讲师先要卖关子，说这部分内容会在明晚的课程中介绍并给新人打气，因为没有人天生自带众多好友，好友数量都是一生二，二生三，不断变大的，所以要有信心。既然有信心，今天就要好好学习如何才能开始自己的私域经营，前几次培训已经教会新人"开店"了，现在正式营业。

要想经营好私域，重点是运营好微信群，主要包括以下五点。

1. 深刻理解私域营销的重要性

人们普遍有一种误解，认为是在朋友圈卖货，其实不是。

还以实体店为例，如果想要更多人知道店铺甚至进店，就需要做店前活动或者精美的门头和吸引路人眼球的橱窗。这就好比在线上不间断地、规律性地发一条条有吸睛效果的朋友圈内容来吸引人的注意，以便产生咨询，从而让其进店，但最终要想让客户下单还是要靠店内的服务（销售），也就是微信群里的互动（销售）。所以，做私域（无论是做 C 私域还是做 B 私域）几乎都不是靠朋友圈去成交，而是靠客户进微信群后成交，与实体店做类比，一定是客户进店后才能实际成交。

但这并不是说朋友圈不重要，朋友圈也很重要，只是其作用是以推广为主，而非以成交为主。因为从销售成交率的角度来看，微信群（也就是客户群）的销售成交率远远大于朋友圈，主要原因有以下四点。

（1）中国人在消费时有比较明显的从众心态，或者说更希望看到别人买之后的好评，从而决定是否购买，这就意味着人们一般都不愿意成为先吃螃蟹的人，更倾向于获得低风险。

（2）互动性强。在朋友圈发销售链接是没有互动沟通的，只能期待好友静默下单，但当你在客户群里推送产品或服务的时候，很容易带来话题和引发讨论，比如群里有客户会立刻问这个产品或服务到底好不好。根据第（1）点提到的，若在这个时候有一个人，甚至几个人，说自己买过，特别好，发问的客户就会很容易做决定，从而下单。这就是一种典型的互相促进和推动的作用，在朋友圈是完全做不到的。

（3）内容量不受限。在朋友圈是不能发大段文字的，但在客户群里可以，所以你可以详细介绍产品或服务，特别是对于一些带有专业知识属性的，非常适合采用群科普这种形式去"种草"，加深客户对该产品或服务的认知，让其认可。另外，非常适合在群里做同类产品对比，对比产品有什么不同、你的产品好在哪里、性价比如何等。在这种情况下，很容易激发人们的购买欲。

（4）没有很强的时效性。比如你用朋友圈做销售，会发现很少有好友在你刚发朋友圈时就看到，就算刚好看到，也有可能在忙，没时间下单，等忙完后，又懒于向上翻朋友圈，最终就没有购买。但是在微信群中销售不会有这个问题，因为无论你发什么消息，只要他们关注这个群，总能看到，至少比在朋友圈看到的概率大得多（并不是你发朋友圈后所有好友的朋友圈都会有这条内容，这是由微信的分发策略决定的，不然你的朋友圈内容会因为过多而不易阅读），且更容易再次找到你之前发的销售链接。

这就是今天要讲的私域（微信群）营销，即你要建立自己的 VIP 会员群，更有针对性地发送产品信息，更好地与客户互动和锁定客户，让销售更加丰富和充分，且有针对性，同时要利用从众心理，借助别的客户的购买、晒单、好评来增加更多客户的信任，最终让其下单。

要用心经营，只要能够做到真诚，你的业绩就一定不会差，甚至还能把其中一部分 C 转化成你的 B，从而搭建起你自己的销售团队。

2. 如何搭建私域，特别是客户群

前期在人数不多时，无论是客户，还是意向客户，你都可以一起运营。至于邀请哪些人进群，讲师此时可以给新人几点建议。

首先，邀请信任你的、关系好的人。比如，同学、朋友、同事、亲戚。这些人初期都会支持你，基于情面都很容易下单支持你。

其次，邀请曾经购物过的客户。因为和他们有过交易，所以有信任基础。在邀请的时候，你可以告知他们进群后会有不定期的抽奖活动、返利活动、专属福利、及时的售后服务，并能认识更多的朋友。

再次，邀请一些潜在客户，即目前还未成交过的陌生好友，比如在你的朋友圈有过点赞、留言行为的人。这些人进群后可能大部分都"潜水"，但是你不用担心，他们只是不互动，只要还没有退群，在有需求的时候就一定会找你购买。你在群里要多发红包维系关系，把气氛打造好，可以邀请群内购买过产品的人进行分享，互动交流。你可以每天都晒一下自己新成交的订

单等，慢慢地就会有你的粉丝出现，来帮你活跃气氛了。

最后，可以让信任你的、关系好的人再拉些他们熟悉的人进群，这些被拉进群的人基于有信任的人做中间桥梁，也是比较容易下单的。

在这里，讲师需要给新人提供一个简洁的邀约话术供新人实践后做出自己的版本：比如介绍×××是什么，×××有什么优势，邀请进群的目的是什么等。

强调：务必防止长篇大论，这会让人比较反感。

3. 如何经营客户群

在群内如何做活动和互动，提高客户黏性呢？具体来说，在客户进群后，我们每天都要做什么呢？我经常听到有人抱怨在群里没人讲话，自己也不知道该说什么。

群必须要建。对于社交新零售来说，一定要先社交，即多交朋友、多聊天，最起码群的社交属性要占90%以上，销售属性只需要大约10%就够了。建群的目的一定不是销售，而是社交。只有社交做好了，每个人才会有参与感，活跃起来。之后，你再适时地进行一些产品的介绍和分享，销售自然没有问题。

什么是社交属性？社交属性包括聊天、发表话题、互相讨论。你要让群里的人大概率有兴趣和愿意参与，不是一直由你通知和宣导，而是群成员之间自愿互相交流或者与你交流。其实要做到这样并不难，因为群里有很多人，每个人都有自己擅长的领域或者目前的主业或者曾经工作的领域，很容易找到共同话题。在这种情况下，群自然就活跃了。此时，你再分享产品，就会事半功倍。

你有没有这样的回忆？在你出生的城市，有一两家老店。你经常去那里吃饭，在进门后，老板会跟你唠家常，嘘长问短，你们更像朋友，而老板并不像在做你的生意，这反而让你觉得在这家店里能感受到在其他店里感受不到的温暖，从而更愿意在这里消费。这本质其实就是社交新零售，先做朋友，再做生意。

除了聊天、发表话题、互动讨论，每天在群里要分享的内容可以参考第三天培训提到的"一天中发朋友圈的节奏"部分。除此之外，还有一个运营诀窍，就是发红包，且红包的名字就是宣传×××最好的机会。不要白白发红包，红包的金额不用大，数量不用多，可以发多个小红包并且多发几次（比如红包名字为"×××，最专业的××××"），或直接推荐某款产品（比如"今天 YYY 性价比最高"）。

切记，发红包是积累人气、活跃群的最好方法。在大家抢红包的时候，你还可以顺便发一些有关×××的介绍，比如明星代言、新闻大事件、研发实验室照片、工厂环境、仓储物流、品控细节等，慢慢地让客户对×××有所了解，逐渐产生信任感！

在空余时间，你也可以发笑话、美容知识、奇闻趣事等。

4. 如何在群里做好那大约 10% 销售属性的工作

上述第 3 点已提到"社交属性要占 90% 以上，销售属性只需要大约 10% 就够了"，那如何做好这大约 10% 的销售属性工作呢？一般来说，你要先发

×××提供的特价商品、拼团商品、爆品信息，但是不用发特别多，要有主次。发这些的主要目的是全面介绍（类似于新人六天训练营这样的培训）×××。这在朋友圈很难做到，而在群内恰恰可以轻松实现。除了×××提供的官方文案内容，更需要客户购买后的真实分享。你要带头多拍图，让群成员一目了然，这更容易激发客户的购买欲望。你要邀请更多客户来做类似分享，前提一定是真实的自愿分享，你的目的是互相帮助，活跃群气氛，在从众心态下，增加成交量！

临睡前，你可以对第二天主推的产品或服务做介绍和"种草"（早餐档的链接可提前发出），或者持续营造正在进行的×××官方活动的氛围。

讲师在这个时候需要强调，你一定要做好心理准备，在建群后一段时间内你发消息就像石沉大海一样，得不到响应。如果你选择放弃，这个群就肯定"死"了。如果你坚持下去，就能看到希望并获得成功。这与开实体店一样，客户都是慢慢培养起来的，而不是一开门就门庭若市。

只要坚持下去，养群，热群，时间长了，就会有人开始购买，从而进入良性循环。建立了客户群，就好比开了实体店，不能三天打鱼两天晒网，况且信任你的亲朋好友都在群里，所以你要每天都发布内容并且和大家互动，群成员也会慢慢地养成习惯。坚持！坚持！就算没有时间，哪怕只说声早安、晚安，都会让群成员感觉到你一直在这里，值得继续关注本群，而非退群。

5. 打造值得信赖的 IP 与细节

首先，一定要真诚，要让客户觉得你在用心运营群。建议多用文字，这样措辞更严谨，更能细腻地表达。可以再加上丰富的微信表情来辅助沟通。

除了培训，建议少用语音，因为很多人会觉得与自己无关而不去听，而文字就摆在那里很容易被看到。

其次，要注意细节，细节决定成败。

细节 1：发红包感谢。比如，客户首次购买了×××的产品或服务，你可以给他发一个红包，表示感谢，同时欢迎他持续关注，甚至让他给出反馈意见。至于红包金额，可以取决于你获得的利润，建议从中拿出一部分回馈给自己的客户群。

细节 2：及时恭喜。若你在系统后台看到群成员购买了产品或服务，则可以直接在群里@他，恭喜他下单成功，并表达感谢，同时再给他发一个红包!

细节 3：收集需求。你要仔细观察并记录在日常交流中群成员都有什么需求。比如，有人问过的产品当时缺货，但是现在重新上架了，你就可以在群里@他，提醒他产品上架了。

细节 4：晒单有奖。你一定要鼓励客户在朋友圈晒单，最好让他配上个人的体验心得。你可以给他发一个小红包甚至该产品的部分返利作为鼓励。只有他发朋友圈增加产品的曝光率，才可能给他的朋友"种草"，甚至成交。

细节 5：贴心提示。客户买了产品或服务，你最好主动地提供相关的使用说明或者温馨小提示，这样会显得很贴心。

细节 6：关注发货和物流信息。对于很长时间还处于待发货状态的订单，你要主动协调品牌方赶紧发货。你也要及时关注自己的重要客户的物流信息。当货物抵达其所在城市的时候，你可以提醒其手机保持畅通和注意签收、查验货物。若有包装破损的情况要及时拍照，且可直接联系你为其协调处理。

细节 7：维护信誉。若发生退货且由×××承担运费的，建议提前将运费垫付给客户，让客户感到购买×××的产品或服务绝不会有损失和风险！

细节 8：转化客户。对于复购率高的客户，你可以帮其算一算，如果他们加入×××，一年能够省多少钱。这类客户是很容易被转化并加入×××开启副业之旅的。

以上只是一部分的细节举例，只有做到对细节用心，周到服务于客户，才能真正树立起一个让客户放心、满意、值得信赖的形象，且随着时间的积累，这份信赖会越来越坚实，客户会越来越心甘情愿地在你这里消费，甚至慢慢地连价格也不愿意去比较了，因为他信任你，而这恰恰就是社交新零售，先做朋友再做生意的最好的诠释！

今天的培训就快结束了，讲师要强调一下，以上分享的是一些建立并经营客户群的经验，但事实上方法还有很多，根据这些经验，你再结合自己最擅长的，一定会想出更多、更好的方法！

你要重复做简单的事情，坚持做重复的事情！当你的客户群活跃了，他们也都很认可×××，养成消费习惯时，你再邀请其加入×××成为 B 就很容易了，接下来他们的身份就从客户变成你的销售团队成员了。这样，层层复制，你的收入会越来越多。

最后，讲师要再强调一下，今天的培训干货很多，务必要好好消化后执行。同时，讲师要邀请新人明天晚上参加最后一次培训。

第六天：×××的制度

讲师在培训开始时说："经过一周的培训和学习，你对社交新零售、×××、私域，都有了全新的认识和了解，同时也掌握了很多实操技能。今天是这一期训练营的最后一天，下面正式介绍×××的制度。"

前提说明：最后一天的培训重点是讲制度（省略细节），范例如下。

你今天之所以进入这个群，是因为从朋友那里获知了×××，并通过朋友购买了×××的产品或服务。你就是你的朋友的客户群中的一员。从现在开始，如果你选择销售×××的产品或服务做自己的副业，甚至事业，那么你也要像你的朋友一样组建自己的客户群，即自己的私域。如果把你比作一个中心，那么从你开始，理论上涟漪可以层层扩散。所以，当在×××不断地学习，成长，提高能力，搭建和完善自己的团队时，你会发现其实销售并没有想象中那么难。无论一个人多么强，其销售能力都有边界，要在×××有更好的发展，就必须依靠客户的分享。只有这样，你才会拥有强大的销售能力。

大部分人在接触×××后，基本上都会经历以下几个阶段：①观望。②了解。③注册。④自购。⑤养成消费习惯。⑥认可×××。⑦推广×××。⑧辅助新人经历以上阶段。有创业属性和销售能力比较强的人，很可能从④甚至⑥开始。

1. 如何正确理解×××的制度

（1）×××的分销制度不是金字塔结构的，而是网状结构的。

（2）社交新零售，是以社交为驱动的零售模式，通过邀约制锁定人与人之间的关系，承认并保护了每一个人的社交人脉资源。

（3）你一定要有"利他"心态，当确实觉得×××的产品或服务性价比高、品质好、他人也会需要时，再进行分享、推荐和邀约。

（4）以你为中心延伸出去的社交关系网全都与你有关，很可能某个节点的某个人就成为一个"爆点"，且理论上"爆点"不会少，这就是社交新零售的无限可能性。

根据二八原则，虽然只有 20%的人才会选择加入×××，但是只要你开始分享，无论是否带有销售目的，你的潜意识里就已经选择加入×××并成为其分销者 B 了。这时，你必须对×××有更清晰的理解，才能弄明白自己及你的好友在×××的身份定位，并实施相匹配的行为。按功能划分，总共有以下 7 种身份定位。

（1）观望者。观望者是指既不会消费×××的产品或服务，也没有加入×××的意愿，甚至对×××持否定观点的人。

（2）自购者。自购者是指仅消费×××的产品或服务，并没有加入×××的意愿的人。

（3）推广者。推广者是指通过消费、社交、共享，从自购者转变为销售×××的产品或服务的轻创业者。

（4）建群者。建群者是指在自购体验、分享销售等过程后，逐步组建起自己的客户群的人。

（5）管理者。管理者是指在团队的销售额达到一定量级后能认真负责地带领团队与平台共赢、共进的人。

（6）放弃者。放弃者是指由于某种原因在选择加入×××后并没有实际投入精力或最终放弃的人。

（7）观察者。观察者是指因为其他商业目的或好奇心，选择加入×××，但只是为了观察和学习社交新零售、私域的商业形态的人。

最后，无论是销售还是邀请，都要先从介绍×××开始。所以，你务必先明确对方的身份定位，再通过与之匹配的表述和引导来帮助对方快速加入×××。这是最高效的转化技巧，让你把有限的时间和精力用在最合适的人身上，从而产生更好的结果。

2．×××的制度合情、合理、合法

讲师需要重点强调，如何科学地阐述×××的制度。

（1）选择×××，在大多数情况下仅自购即可。产品或服务具有高品质和高性价比，更实惠，且这恰恰是×××的社交新零售模式的"根"。

（2）对于想选择×××进行个人创业并且没有相关商业经验的人来说，×××提供了一个极低投入和几乎没有风险的轻创业平台，是成就个人商业价值的孵化器。

（3）对于有商业经验甚至市场渠道资源的人来说，他们可以通过×××丰富或垂直的业务线，进行多元化变现，提高整体的商业价值。

（4）社交新零售，让每个加入×××的人之间都存在关系绑定，从而形成团队，互相学习，互相帮助，一起成长，实现共赢，而非单打独斗。

（5）对于有团队管理和组建团队能力的人来说，×××会提供多种扶持，包括资源、补贴、奖励，目的就是聚拢人才，扶持人才，甚至培养人才、创造人才，最终帮助每个个体实现商业价值。

强调：你在邀请别人加入×××的时候，务必客观、清晰地向对方介绍，这是一件对对方有利而无害的事情。当对方也同样理解和认可后，你才能邀请其加入，这时就是名正言顺的邀请了。你一定不能使用"拉人、发展"等容易造成误解的不清晰描述，应该严格使用"销售、推荐"等词语。

讲师最后做六天结营总结：这六天的新人训练营是经过实践总结出来的最有价值的核心方法论，所以你务必好好学习这六天的内容，认真思考，执行，并做好笔记。这六天的内容可以让你在×××获得全新的个人商业价值和收入回报（或大或小而已）。

3.4.3　商学院

基础版的×××商学院(由×××针对其 B 的所有培训内容汇总形成)，主要包括以下类目。

技能板块：主要针对如何在线上经营副业、做好 B，提供全套解决方案。

风采展示：展示真实 B 的案例故事，形式包括图文、视频、微信截图等。针对一个个主题进行分享，官方塑造 B 的个人 IP，帮助其积累人气，用第三方佐证去激励更多 C 成为 B，激励 B 变得更优秀。要让 B 像品牌领导者一样热爱这份事业，在赚钱的同时，更收获成长。

副业刚需：解释为什么你需要一份副业，甚至事业，以及什么副业才真正适合你。介绍企业和品牌的优势、独家特色、实力，以及所在行业发展的大趋势和未来前景，再附加各种权威数据和预测。

QA 汇总：把在×××创业过程中遇到的所有问题都汇总成 QA 表。当所有小 B 和大 B 遇到这些问题时，可以直接查 QA 表。

3.4.4　新人手册宝典

《×××新人手册宝典》是社交新零售入门级的实操方法汇总，其实就是新人六天训练营的浓缩版，内容包括私域运营、发朋友圈、建群、销售、成交等。"手抄新人手册"是小 B 开启在×××创业之旅第一步。小 B 要深刻领悟，学以致用，先按里面的方法去做，在总结了一些经验和方法后，结合自己的实际情况创新方法，形成自己的经验和能力。所以，至少要抄写一遍，甚至抄写两遍、三遍。只有在抄写后，才会明白关键点是什么，如果只是时不时拿出来读读、看看，那么是没有用的。

3.4.5　团队社群运营

1. 客户群运维六条规则

第一条：发红包。

你一定要充分利用好发红包。发红包有以下作用：一是吸引群成员的关注。二是连续性地发红包还可以增强群的活跃度和互动性。三是提高群管理效率。四是加快你希望群成员做的任何动作，比如，你发红包，可以加快群成员按照以下三步来签到。

亲爱的护肤家人，欢迎来到×××的护肤共修室，感谢您的参与。

第一步，进群后请发自我介绍+照片，让群里面的人认识你，同样你也能通过其他人的自我介绍，了解大家。

第二步，进群后点击此群活动：[链接]每周红包，礼品相送！

第三步，进群后请修改自己的群昵称为"你的名字"+"邀请人"的名字。

此群作为×××的护肤共修室，会不定期分享一些护肤和创业的干货，请多多关注，在每周、每月都会有活动。你进入此群后，我们就是一家人。你在完成以上三步后，就可以向我领取"惊喜红包"。

第二条：利用@功能。

基础场景：一是传达群信息（可以提醒全体群成员，也可以提醒指定的人）；二是对违规信息进行警告。

重要场景：非常适合作为日常运营群的利器，具体示例可以查看"新人六天训练营"第五天中最后提到的八个细节。

第三条：熟悉群成员。

在熟悉群成员后，你容易引导群内互动和讨论，突出客户群的社交功能。

比如，我的群里有宝妈、护士、某彩妆品牌的"柜姐"。当有客户要购买纸尿裤向我咨询时，我就会@有经验的宝妈，让她给建议。当有客户咨询化妆品时，我就会请"柜姐"做一下科普。

这样，她们都会感觉自己被需要，在这个群里有存在感，同时也可以充当我的群里的客服。

第四条：贴心服务。

比如，客户购买了×××的产品。在查看到客户已经收货，或者客户在群里晒买家秀的时候，你要及时提供×××的产品的使用方法，也要提前告知他在使用过程中可能遇到的问题。

第五条：塑造 IP。

你需要塑造自己的 IP，要注意以下几点。

（1）真实性。你要通过头像、聊天体现你是一个真实的人。

（2）专业性。专业性主要是指销售技能、产品分析、产品推荐和科普相关知识的专业性。

（3）亲和力。你要真诚、用心，千万不要为了销售而销售。久而久之，你就会自带"磁场"，感染到你的客户们，销售量自然会提高。慢慢地，你的亲和力会给群成员留下深刻的印象，他们会信任你。比如，有一个群主常常在与群成员讨论某个产品的使用感受时，系统后台就出现新订单了，为什么会这样呢？因为群里的客户看到他用心分享，甚至连价格对比图都做好了，就会觉得，在这里购物非常放心、省心。久而久之，他们连价格都懒得比了，非常认可他分享的产品。

（4）生活化。你可以用小红书、美团、微博搜索本地环境好的地方，然后去那里打卡、拍照，将照片分享到朋友圈，让大家看到你是一个热爱生活且会享受生活的人！

以开实体店为例，谁也不能保证一开业就客户爆满。既然你选择做社交新零售这份事业，就要收起自己的"玻璃心"，无论自己的群人数有多少，都要用心服务好群内的每一位客户，让他们感受到你的真诚，让他们知道在你这里购物是放心的，售后服务是有保障的，没有后顾之忧。

在经过几次购物，形成购物习惯之后，他们很可能还会邀请自己的亲朋好友一起进群，感受你很好的服务，群人数就慢慢变多了。成功没有捷径，贵在坚持！

第六条：有效地开展群危机公关。

举个例子：当有客户在餐厅的客户群中发布就餐体验不好的内容时，你怎么办？

解决办法：你在运营社群之前一定要有风控意识，事先预设运营过程中比较大的风险点，提前想办法规避，具体做法如下。

（1）进群之前先让客户填写满意度调查表，要提前让客户发泄负面情绪，不要让他把情绪带到社群中。

（2）制定群规，当有客户进群时就@他让他查看群规。

（3）如果群里还是有人发在餐厅中就餐体验不好的内容怎么办？你要立刻给他发一个红包，感谢他提出宝贵意见，邀请他分享他对美食的见解，让他当品鉴官。转变一个人的最好办法是让他转换角色。就像一个顽皮的孩子总是不遵守纪律，老师让他当纪律委员，那么他就会约束自己的行为。

（4）安排"自己人"，给出更多正面、肯定的评价来缓和矛盾，或者转移话题。

2. 销售群运维八条规则

你在客户群里将 C 发展成 B 后，要把这部分 B 放入另外一个群，即你的销售群。其本质和你开一家公司雇用一些员工是一样的，不一样的是人员规模普遍偏大且主要靠线上，成员来自天南海北，且你们的关系不是雇佣关系而是合作关系。这个群的核心工作就是提高业绩。如何经营好该群？请参考以下八条规则。

第一条：用好红包。

你要制定奖励制度，比如：

（1）新人在首次卖出×××的产品或服务后，可以找你领取 12.88 元红包或开单奖。

（2）新人自己的客户群达到 50 人以上，并邀请你入群，可以找你领 5.20 元开业红包。

发放规则：建临时群，邀请昨日符合以上条件的群成员进群领红包。

对于开单奖，每隔一段时间最好换一种奖品，建议奖励×××的自有产品。比如，×××面膜、×××洁面慕斯都是经常用于奖励的。开单奖一方面可以增强群成员对×××品牌的认知，另一方面，适当的奖励可以有效地提高团队销售的积极性，让新创业的成员成功迈出销售的第一步。

第二条：带头领业绩指标。

进销售群的每个成员都需要自我审视，了解自己真正想实现什么，想在

×××收获什么，以及愿意付出什么程度的努力。

你要协助每一个人制定自己的目标，需要帮助他们做好目标管理，否定不切实际的目标，并且在日常经营中带领他们一步一步实现目标。如果有人在一个月后连一单都未成交，那么你可以给他发现金红包（比如 50 元）作为鼓励。举例如下：

我决心按以下方式经营我的客户群，并招募新的创业伙伴。

（1）每天私聊一到五个新人，并邀请其进客户群。

（2）每天在群内分享一到三款特价产品或服务（最好是自购过觉得确实很好的）。

（3）每周讲一到两个比自己做得更好的 B 的创业故事。

第三条：每日复盘。

所有的新成员选择销售×××的产品或服务开始个人创业，都希望获得成功，但是每个人的能动性都不同。不管他是有"50%电量"还是有"100%电量"，你都要给他"充满电"！所以，除了参加常规的新人六天训练营，他们在销售群内还需要一些冲刺技巧的培训并被及时赋能。你要争取引导群成员每日复盘，对于成功的案例，你要让成功的人分享经验；对于没有成功的案例，你要和群成员一起看看问题出在哪里，让他们一起来出谋划策，争取让类似案例能成功。

第四条：召开周末表彰大会。

一周的最后一天非常重要，你要对这周的所有成绩做一次肯定，鼓舞这一周没有来得及参加的成员。

你要把这周业绩好的成员拉到一个小群里。

首先，要感谢大家。然后要鼓励大家多分享，让大家回到销售群依次分享自己的故事，举例如下：

（1）我和×××的故事、离不开×××的原因、喜欢×××的原因。我是因为一开始碍于朋友的情面，支持朋友才来到这里的。现在……经过×××系统的培训，从来没做过生意的我，才知道什么叫流量，才明白没有流量根本做不成生意。可以在群里多说一说对商业变革逻辑、行业发展趋势、社交新零售红利等的认知。

（2）我想把这个兼职打造成一个小事业，因为没有独立创业做生意的资本，而选择加入×××，这个月的收入比开实体店的朋友的收入还要高。可以晒一晒收入图。

（3）说一说，不想靠一份工资生活等。

最后，你要在小群里与核心成员沟通好如何回到销售群下红包雨。在讲故事环节结束后，一般就要在销售群里立刻下红包雨。

在讲故事和下红包雨后，群成员的士气很容易大涨，很多群里的沉寂成员也容易被激活，一起参与到下周的奖励活动中。

第五条：打造领导力。

（1）线上培训的原则。

① 1对多原则。在微信群里，要以语音为主，把重要的内容附带语音对应的文字，要多使用图片和小视频，让群成员多做笔记且晒笔记。

② 1对1原则。我说你听，你说我听；我做你看，你做我看。

（2）要与团队成员建立信任。

① 要和上级保持一致。

② 不要把责任甩给团队成员。

③ 要及时肯定团队成员。

补充：建议多主动让团队成员反馈意见，给自己"照镜子"。

（3）要与团队成员有效地谈心。

① 五个经典问句。

● 发生了什么事？（为了确保得到的信息客观，要让团队成员提供真实截图）

● 你怎么看？（不能直接给他答案，要听他讲）

● 你都试了哪些办法？（不能直接给他答案，要听他讲）

● 你需要哪些帮助？（为失败找理由 vs 为成功找资源）

● 还有吗？（尽量让他把所有问题说完）

② 三个注意事项。

● 要注意谈心的氛围，面对面沟通好于打电话沟通，打电话沟通好于用语音沟通。

- 要保持好奇心，不要着急评判。

- 与团队成员谈完后要制订行动计划并让他落地实施。

以事管人 vs 以人管事：除了目标和结果导向的"以事管人"，还需要"以人管事"，需要建立团队成员的成就感和归属感，团建是必不可少的，比如组织旅游。

第六条：培养核心层，成立小灶突击队。

为什么要成立小灶突击队？当一个群的创业氛围很好时，可以激励很多人向同一个目标而努力。小灶突击队是一个能确保尽快得到结果的由优秀的成员组成的单独小群，你要靠其配合你带动销售群的全部成员。同时，你还需要细化小灶突击队配合的执行动作以及玩法（积分制度、出单接龙、分组PK、配合活动冲刺目标等）。

你要监督小灶突击队每天都以接龙的方式逐一汇报目标和完成的情况。

你需要及时关注后台数据，将成员出单成功的好消息发到群里，及时发红包，不需要发很大的红包，但是要营造良好的氛围，并做表彰海报，鼓励该成员及时分享，交流经验和心得。即使出单不成功，你也可以把消息发到群里，请其他成员帮忙分析问题，给出建议。

第七条：做出活动业绩、注意细节并在线上造势。

在每一次企业和品牌的官方活动准备上线之前，不管活动力度如何，你都需要大力宣传活动，教会自己销售群的成员借势提高业绩，并在活动结束后及时集中复盘（特别是对新成员），为下一次活动打好基础！

你一定不要认为活动小而不想参与，只想参与大活动。你要把每一次活动都视为一次宝贵的裂变机会。因为说到底产品或服务能否卖好，并不完全取决于活动大小，而取决于群内的宣导力度大小和引导的方向是否正确。举例如下。

公司在上海举办一场小的品酒会活动。虽然活动的规模小，但是你应该在得到这个官方活动举办消息的第一时间，在群里和朋友圈开始造势，哪怕只发布一个细节、一张图片，然后让群成员积极参与，最后很可能成功引发在朋友圈纷纷刷屏。

你营造的团队气氛，就是你的社群的风向标。如果你是积极的，那么你的团队一定是积极、活跃的，但如果你是古板的，你的团队就一定会死气沉沉。

经验总结：塑造个人 IP 可以吸引很多人主动靠近你！你要像经营一家公司一样去经营自己的销售群，让管理层担负起各自的责任。

群内造势流程

步骤一，在有活动时，你要抓住一切可以宣传的素材、故事，在群里积极宣传，起到表率作用。

步骤二，你要让群成员把目标都写下来，从而有针对性地扶持欲望更强烈的成员。

步骤三，你要用红包雨调节气氛，用喜报一直在销售群刷屏，做活动倒计时。

步骤四，你要追踪目标完成情况，轮流播报已完成目标的群成员的排名情况。

步骤五，在每一轮活动结束时，你都需要做一次总结。如果活动做得好，你就在群里带节奏，下红包雨做表彰。如果活动做得不好，你就在群里做检讨，然后也带节奏，下红包雨做鼓励。

步骤六，你要做好客户分类备注，可以把体验者标记为"T8-小蓝-31"，T 代表体验者（也可以用 C、小 B、B 等），8 代表在 8 月注册，31 代表注册日期。这样方便分类群发通知，比如在做活动时，老客户收到的通知和新客户收到的通知不同。

第八条：统一团队成员的思想。

你需要不断地统一销售群成员的做副业、创业思想，举例如下：

- 我销售性价比高、品质好的产品或服务，仅赚合理的利润。

- ×××提供的是先进的社交新零售商业模式，靠邀约"引流"，再带动更多人进行邀约。

- 我主要分享能够让我赚钱的产品或服务，也会分享不赚钱但确实省钱的产品或服务，但主要分享前者。

- 要想好好推广、好好赚钱就多主动问我，我愿意尽全力帮助群里每一位已经下决心创业的伙伴。

- 我需要多借助群里的福利活动来提高自己的业绩。

你还需要输出更多的个人感悟，用真心带动和影响销售群成员，举例如下：

- 小鸟在起飞前要蹲下发力，飞机在起飞前要助跑，种子在长成大树前要先在土壤里扎根。经营客户群，是一件长期受益的事，你不可能立刻就挣到钱，需要学小鸟蹲下发力，学飞机拼命助跑，学种子扎根打好基础。

- 归属感，是客户回群看消息的根本。如果没有归属感，客户就不会回群看消息。如果客户不看消息，就没有成交。一些简单的规则是可以建立归属感的，比如，签到、做任务、多夸奖、多邀请分享、多一些认可。只有有了归属感，客户才会觉得自己是这个群里的一分子，客户群才能长久。

- 人的言行会出卖他们的想法，你是想赚客户的钱，还是想让客户得到实惠？你侧重于哪个想法，你的行为会表现得更明显。打个比方，只想赚钱的群主，每天只发产品购买链接，而为客户着想的群主，会真心帮客户分析买这个产品的好处。

3.5 造好势：获取素材赋能销售和招商

×××素材库：主要为小 B 和大 B 提供营销体系，包括但不限于品牌营销、产品营销、招商营销、案例营销等。

造势的内容主要有以下六类。

（1）线上品牌的官方造势内容：明星合影、产品评测报告、"网红"和 KOL 种草内容、媒体新闻等。

（2）线下活动的官方造势内容：明星代言活动、经销商大会（品牌展览）、创业沙龙、品牌溯源活动、旅游（旅拍）、游学等。

（3）打造老板 IP 的官方造势内容：打造创始人或者创始团队的 IP，可以给企业的产品或服务提高可信度。

（4）线上内容的自主造势内容：类似于"线上品牌的官方造势内容"，但主要由 B 自发策划执行。

（5）线下活动的自主造势内容：类似于"线下活动的官方造势内容"，但主要由 B 自发策划执行。

（6）打造个人 IP 的自主造势内容：类似于"打造老板 IP 的官方造势内容"，但主要由 B 自发策划执行，并以他为 IP 进行打造，主要传播于他的社群。

补充说明：①造势仅靠官方是远远不够的，需要通过分好钱去激发 B 自主造势。分销型 B 私域的大部分造势内容都是由 B 提供的，而非官方提供的，这与直营型 C 私域以官方为主有很大的区别。②关于活动造势，传统的传播流程一般如下。

第一步，专业的摄影团队使用专业的器材（偶尔使用手机）进行拍摄。

第二步，第二天整理素材，挑选不错的素材，进行编辑、处理。

第三步，选择新闻媒体，排期好几天，上线推送。同时，转发一条新闻链接到微信群、朋友圈。

点评：这时已经没有了做活动时的气氛，也很少有人会在朋友圈点链接。

总结：以上可以叫 PR 品宣，适合客户在搜索引擎中搜索品牌时，增强品牌的可信度，但是没有强变现属性，并不适合在 B 私域中传播与互动。

那么，正确的有私域属性的活动造势该如何做呢？

第一步，拿出手机，拍照和拍视频。

第二步，使用某几款 App，快速编辑素材，甚至在几分种内就完成素材编辑。

第三步，将素材直接发送到 B 私域（包括朋友圈、视频号、微信群等）中，进行实时微信营销。

不断重复以上三步。

强调：以上所有的步骤都要与活动同步进行，且每个环节耗时几分钟到几十分钟不等。在一般情况下，一个人就能完成（或由一个人配合完成）。

3.6　创新性地布局线下品牌直营店和加盟店

本节主要探讨如何通过一种创新的方式帮助品牌快速搭建其线下品牌直营店和加盟店。行业竞争激烈，很多品牌（特别是头部电商品牌）都想尽快布局或发展更多线下实体店（以加盟为主）。

线上品牌（电商）要开线下实体店（品牌实体店）是因为在线上花钱买流量的成本越来越高，而客单价却越来越低。一类电商品牌受到此问题困扰尤为明显。

线下实体品牌希望开更多实体店是因为店能赚钱。商家通过客户进店后"逛"的体验或极致化的服务体验，实现"高客单价"相对容易，可以最终实现从"客单价"到"单客价"的升单，完成从 C 到 VIP 会员的转化。这也是不少店敢在美团、大众点评、抖音广告中抛出"绝对低价"的原因，并不是与电商一样单纯为了走量，而是真有办法在客户到店后系统性升单，详细内容请参考第 4 章。（延展：不建议纯线上品牌这么玩，在没有很成熟的C 私域体系支撑的情况下，升单风险太高！）

实体店不仅赚钱，甚至还很值钱。比如，Manner Coffee 2020 年的GMV（成交总额）为 2~3 亿元，其在 2021 年上半年进行 3 次融资，单店估值为 1 亿元。

那么问题来了，如何创新性地开店呢？

首先，建议品牌不能按照传统的招商加盟方式来做，因为传统的招商加盟能力是很多品牌并不具备的。

其次，诀窍就在于做 B 私域。品牌要把自己的 C 发展成 B。在这个过程中，品牌就自然会筛选出不少本身就有线下实体属性的 B，甚至其在当地还有相当不错的资源、人脉和能量。

最后，品牌只需要解决两个问题：①如何告诉 B 关于加盟的机会和政策。

②如何激励和调动这些有意向的 B 去做线下开店的具体事情，而非由品牌自己来做，因为很可能这些有意向的 B 更懂得线下经营方法，做得比品牌还好。

B 私域开店与传统招商加盟的区别如下。

区别一，启动资源不同。前者主要基于 B 私域里的 B，后者主要基于公域（比如百度）买线索。

区别二，成交逻辑不同。前者主要基于品牌自身的 IP 信任成交，后者主要基于面对面的强销售成交。

区别三，准备和团队不同。前者主要依靠赛马机制，可以直接走出第一步，即授权几个有线下实体属性的 B 先快速做起来，遵循品牌的基本原则即可，然后从中选出一个做得最好的 B，把其在这个过程中所做的相关准备和成果物（比如装修方案、店内物料清单、营销方案等）标准化成 SOP，作为品牌输出给加盟店的第一个正式"开店大礼包"，这时即可走出第二步，开始快速扩张规模。后者则需要先雇用更多的全职团队，在自己全部准备好"开店大礼包"之后，才能走出第一步。

区别四，前者本身就基于 B 私域，有很强的线上基因和裂变基因，所以很容易实现裂变式招商，而后者往往还是传统的直线式招商。

基于上述提到的造好势，下面列举一个裂变式招商的例子。

河北一家五线城市的科技美肤店在开业当天，只靠朋友圈就成功吸引两个加盟商，甚至还包括一家新疆的。

整个周期包括开业前（铺垫）、开业中（活动"引爆"）、开业后（用两天复盘）。该美肤店实时发布图文信息和短视频（每天发布 7~8 条），将其持续传播给老板本人、店长和所有店员的社交半径覆盖人群，把一家新店的开业氛围及专业度，靠线上碎片化的细节内容淋漓尽致地呈现出来。

那家新疆的加盟商是其中一位店员的微信好友，正因为看到那几天该店员发出的上述朋友圈内容，非常感兴趣，于是便来实地考察，最终选择加盟。对于老板来说，他只是聘用了一名普通员工，就获得了这样的回报。

这在传统造势的模式下，是很难实现的。

区别五，前者同时拥有"天网"（线上电商）和"地网"（线下实体店），估值肯定高于后者。目前，一些头部电商品牌在业绩下滑较大、很难再增长的时候，跌了的估值正好可以靠"天网"加"地网"涨回来。

补充：B 私域中的 B 在线下开店，无论是开整店，还是开店中店，都行。因为这些都是品牌自己的线下实体场景空间。这不同于传统的铺线下渠道，比如进商场、卖场，因为传统的铺线下渠道只是让货架上同品类中新增了几个可选项而已。举个例子，一个红酒品牌的 B 私域中的某位 B 在线下开了一家用该品牌命名的红酒专营小酒馆，与传统的进入盒马等红酒货架中的品牌相比，你觉得哪种方式更能体现品牌价值？毫无疑问，肯定是前者。

据统计，现在的电商成本已不低于实体店成本：人工成本占 11%、天猫扣点占 5.5%、推广成本占 15%、快递成本占 12%、售后成本占 2%、财务成本占 2%，再加上税务成本，如果没有 50% 以上的毛利率，电商品牌可能很难持续经营。反观实体商业，降租早已是共识。这两年，连地标性的购物中心都在顺应趋势，给商家更多让利。

3.7 B私域的普适性

从整体上来看，B 私域的架构比 C 私域的架构复杂得多，B 私域是不是仅适用于大企业和大品牌呢？

不是！无论品牌（包括个人）的规模大小，是线上品牌还是线下品牌，也无论产品是否高频消费产品、客单价高低，分销型 B 私域（特别是从下往上模式的 B 私域）几乎都适合所有品牌。

下面列举一个真实的案例。2019 年，有一个做设计外包的"95 后"女生来找我寻求帮助。她是手绘师，平时接散活，每天都很辛苦，不知道如何才能规模化设计。对于她来说，她还没有雇用员工的实力。当时，我给她的建议如下：从现在开始实施会员制，一次性消费满 399 元的客户，即可成为她的手绘头像永久会员，永久享受 75 折优惠。我让她鼓励会员多分享，甚至发展其成为她的分销者（做副业者）。若会员分享后实现了成交，即可得到成交金额的 25%作为回报。在不到一年的时间里，她成功地发展了 50 位分销者，业务快速发展，现在团队中已经有了 30 多名全职画师。这恰恰就是 B 私域在业务规模化上的巨大优势和魅力。

补充：本书后面的案例部分会更充分地证明 B 私域的"普适性"。

第 4 章

线下实体店私域

4

4.1　线下实体店私域顶层架构

　　线下实体店，包括线下零售业和线下服务业的实体店，本质上完全适合搭建自己的真私域，无论是 C 私域还是 B 私域，因为其主营业绩正是靠销售驱动的，且又有足够多的全职销售人员。作为"地网"的线下实体店，一旦搭建起"天网"，势必会带来全新的第二增长曲线。

　　做好线下实体店私域，除了要掌握第 2 章或第 3 章中已提到的核心 KPI，重点是学会如何汇聚本地流量（增加上门量），以及在客户离店后如何通过在线互动保持客户黏性和持续变现。

　　由于线下实体店具有本地物理空间属性和面对面服务属性，所以可以直接采用第 2 章和第 3 章对应章节的策略。本章主要探讨一些差异化的更适合（甚至只适合）线下实体店使用的策略和方法。

4.1.1 核心 KPI：如何汇聚本地流量

线下实体店，是持续多年存在的业态。品牌非常注重客户进店后的销售及服务。所以，在客户进店以后，线下实体店的成交率是非常稳定的。

因此，线下实体店生意增长的关键之一就是，客流的增加，即上门量的增加。

要想增加上门量，以做 B 私域为主的线下实体店可以靠 B 的裂变，而经营以做 C 私域为主的线下实体店的思维方式要由"客单价思维"变为"单客价思维"，其中的关键在于升单。下面分别举例说明。

在公域思维下，增加上门量是特别大的挑战。因为在公域思维里，对上门量的理解是狭义的客流，专指进店客流。

上门量就是进店客流这个认知阻碍了实体店销售额的提高。其实每一家店既在店中、商圈里、生活区半径内，也在某个城市里，甚至在全国和全球范围内。如果实体店能把进店客户、实体店门口的客户、商场的客户、周边三千米的客户、全市的客户，甚至全国的客户，都加到企业微信里，销售额就能翻倍。这是广义的"上门量"，也是我们主张的。

波司登是一家年销售额超过 80 亿元的集团公司。在 2020 年的新冠肺炎疫情中，波司登的销售额不但没有下降，反而大大提高！更值得注意的是，波司登的利润率也同步明显提高！

波司登销售额和利润率提高的重要原因之一是，在 7~9 月的淡季里，波司登做了跨出实体店的企业微信"加粉"。在短短三个月内，波司登增加了超过 1000 万个企业微信客户。经过企业微信的后台对这些客户去重后，净增的新客户达到了几百万个！

湖南长沙有一家餐厅，虽然原料是天然有机的，菜品口味很好，并且餐厅在装修方面花费很大，但由于开在一家酒店的三楼，在开业的前三年都处于不赢利状态。它经过私域优化后，在短短的 10 天内，就把很多周边居民加为微信好友。餐厅日均流水从每天 1 万多元增长到了近 5 万元！

从以上的案例中可以看到，线下实体店增加"上门量"可以带来明显的业绩增长。

4.1.2　核心 KPI：覆盖客户离店时间

很多美容院已经开始从院装（在店里做项目时需要配合美容手法用到的化妆品）到客装（自己在家里就能直接使用的化妆品）业务的拓展，很多餐厅也开始售卖即食产品、熟食、特产等，这都是为了充分利用好客户离店的时间。

4.1.3　实战策略：线下版活动营销

前提：2.3.2 节介绍了"线上版活动营销"实战策略。

说明：这部分内容更适合线下实体店，因为面对面服务的升单率远高于纯线上的升单率，所以门槛真的可以放得很低。

目的：追求客户多次到店，基于其对店内服务和效果的满意度，在面对面服务的过程中了解其更多的真实需求，完成自然升单，提高业绩。下面以线下服务业中的代表"美容院"为例进行详细说明。

1. 普遍适用的策略

方案：超低门槛，店内项目仅需 9.9 元，10 项起购，可转让给亲友使用，一个月内有效！

这样既能招揽新客户，也能让老客户再带来新客户。

2. 新店拓客的策略

方案①：在活动期间，客户只要支付 365 元，就可以享受全年的美容护理，相当于 1 天花 1 元。

方案②：客户购买年卡到店消费满 20 次以上，年底返 50%年卡费。这样可以确保客户在 1 年内不流失。

3. 老店拓客的策略

说明：以下方案常用于店庆、答谢会等活动。

方案①：销售储值卡。对于全院项目，凡支付 1 万元的客户享受七折优惠，凡支付 2 万元的客户享受六折优惠，凡支付 3 万元的客户享受四折优惠……

方案②：销售投资卡。客户预存 2 万元，在消费时可以进行划扣，如果

1 年内能够完成一定的带客任务，那么 2 万元即可全部退回。客户相当于免费做美容。

方案③：销售无限卡。将美容项目拆分，客户可以享受 1 年内服务，如客户购买 1980 元的护理卡，可以在一年内无限次享受服务。

4. 刺激到店的策略

方案①：包装抵扣法。在活动期间，客户持某品牌的瓶子或化妆盒，即可抵扣项目的相关费用。比如，空瓶（洗发水、沐浴露等）、空盒（迪奥香水、CD 粉底盒等）。

方案②：在活动期间，新客户持其他美容院护理卡，在本院办卡后可换取剩余次数的等价项目。

5. 客户裂变的策略

方案①：办卡送卡。客户买金卡可以获赠另外一张金卡、买月卡可以获赠另外一张月卡，买年卡可以获赠另外一张年卡。

方案②：利用滚动法进行升卡和 N 层裂变。

- 销售促销卡：每张促销卡 99 元，新客户可购，享受 4 次护理。

- 销售月卡：购买了促销卡的客户若购买月卡，则可以优惠 99 元（即促销卡的费用），同时获赠一张促销卡。

- 销售季卡：购买了月卡的客户若购买季卡，则可以优惠月卡的费用，同时获赠一张月卡及客装产品。

- 销售半年卡：购买了季卡的客户若购买半年卡，则可以优惠季卡的费用，同时获赠一张季卡及客装产品。

- 销售年卡：购买了半年卡的客户若购买年卡，则可以优惠半年卡的费用，同时获赠一张半年卡及客装产品。

4.2 实战举例

4.2.1 基于 B 私域架构的线下实体店私域

如何汇聚本地流量（增加上门量）？除了打广告等公域做法，以 B 私域为主的线下实体店私域，主要靠 B 的裂变。

附件 1：品牌直营店

问题：社区体育场馆如何靠打造会员服务体系，实现开放式和平台化，同时让业绩倍增？

核心解决方案：一定要将目前经营社区体育场馆使用的传统的直线经营逻辑转变成裂变型的开放式平台化经营逻辑，其中的重点在于打造全新的会员服务体系，实现会员的多重价值。会员既是接受服务者，也是监督者，同时还是推动者，甚至是事业合作伙伴。总之，要按照 B 私域顶层架构，类推出一套场馆的商业打法。

下面先看一组数据。粗略统计，全国有 3 万～4 万个社区体育场馆，服务容量平均为 1000 个会员以上。然而，实际上 95% 的社区体育场馆只有不到 100 个会员，即只达到了 10% 左右的服务容量。问题出在哪里，该怎么运营？

什么是直线经营逻辑？在经营传统场馆时，我们需要打广告，做宣传，入驻体育类互联网平台，目的就是让客户看到或搜索到场馆，然后成为会员。回想一下，是不是还有另外一种场景？我们的会员在锻炼完后，将今天运动时拍的照片发到朋友圈，还配上一段文字来描述自己的心情。朋友在看到消息后，会在下面评论：这是哪里啊？我也想去锻炼！这种场景并不是通过个人看到或者主动搜索产生的，而是通过人与人之间的社交关系产生的。

我们因为会员的分享获得了新会员，获得了利润，但分享的会员明显并没有得到利润。那么，试想一下，我们可不可以把这个利用了人脉与信任，以及专业性所促成的交易产生的利润给这个分享会员呢？答案是肯定的。

在核心解决方案中提到的裂变型的开放式平台化经营逻辑就是，每一家社区体育场馆都相当于一个中心，通过自己平台化，将会员服务进行整合，把后端优质的、精选的场馆服务和前端愿意把这些优质服务分享出去的人们串联起来，并从既有的会员中去发现，甚至培养出那些乐意且喜欢分享的前端人群，场馆作为平台让他们把自己认可的优质服务分享给身边的朋友，从而赚取合理的利润，实现场馆和会员双赢。

场馆作为平台，把传统零售用于宣传的广告费省下来，把这部分利润给会员，这是相当合理的。场馆仅需要专注于品控，严格地搭建针对设施、设备和场馆服务的品控体系，对提供的服务进行严格的监督，甚至邀请会员一起进行监督，确保会员的高满意度和口碑，让会员可以完全不用担心在运动过程中有质量和服务问题。

对于场馆来说，应用了核心解决方案，实现了自身的开放式平台化，既连接了场馆服务（包括提高质量、智能化、新场景化、社区化等，这属于业务本身的范畴，我们不再深入探讨），又连接了那些乐意且喜欢分享的人群（下面主要介绍如何发现，甚至培养这些人），从而解决了目前 95% 的社区体育场馆服务容量仅为 10% 左右的困局！这是完全标准化可复制的运营体系（详见第 3 章，做业务类推即可）。

以前，社区体育场馆的门票仅靠企业方自己销售，而现在，场馆作为平台，开放给一群小 B 和大 B，大家一起来销售。这样就可以轻松地实现规模化效应！当场馆的小 B 和大 B 形成一定规模的时候，场馆可以很容易实现更多维的经济效益，不再局限于自身提供的项目服务，还能很轻松地涉足体育产业中的零售产品领域，拥有更大的想象空间。

附件 2：加盟连锁店

下面是一封品牌方发给自己加盟店的公开信，号召加盟店做 B 私域，供你参考。

致加盟店的第一封信：

在新冠肺炎疫情之下，实体店的客户越来越少，如何才能快速破局？

发广告、传单，做直播，发短视频……使出各种办法，但效果明显吗？

别担心，公司会为你赋能，让你突破困境，让你的业绩快速增加！

我们相信，你这几年积累了不少客户资源。想象一下，如果你能把客户都发展成自己的一个个小经销商，会达到什么效果呢？从此，不只是你本人（和你的员工）做业绩，而是一群人（无须雇用）陪着你做业绩！为什么"发广告、传单，做直播，发短视频……"效果甚微？那是因为只有你自己在做，而现在有一群人陪着你做，业绩自然就涨上去了！

核心问题：如何才能把客户都发展成自己的经销商呢？

（1）新冠肺炎疫情让你的业绩下降。其实对于普通客户来说，他们的收入也下降了。当下很多人都想做副业创收，但苦于没有好项目和好机会，而且不愿意一开始就冒风险（即使摆地摊也有成本风险）。正好，既然他们已经是你的客户，用过的产品，你就完全可以让他们基于我们的品牌，轻松开启"零成本和零风险"的轻创业之旅。

（2）如何快速地在客户中找到具有上述创业属性的客户，以及激发原本没有这个意愿的客户产生创业属性呢？我们会教你在微信群里通过半小时"×××事业（招商）说明会"让转化率最大化，筛选出具有创业属性的客户，并根据"×××分润政策"，让他们能有一份不错的副业收入。

（3）在找到这些有创业属性的客户后，如何快速为他们赋能，让他们真正行动起来，实现销售变现呢？你需要把他们都加入微信群，让他们参加"×××新人六天训练营"（连续六天，从周二到周日每晚八点开始），参加每天半个小时到一个小时的培训，让他们深刻理解什么叫副业和创业、公司的品牌价值和产品特性，以及如何向别人介绍我们的产品等，并教他们做直播、发短视频、使用微信等各种营销方法，让他们掌握最适合自己的营销技能。

（4）这些上完"新人六天训练营"的有创业属性的客户，会正式进入"×××创业官方群"，开启在×××的创业之旅。在这个群里，你需要每天帮助他们复盘，为他们赋能，给他们打气，让他们选择最适合自己的营销方法（做直播、发短视频、使用微信等）去落地实操，不断提高自己的副业收入。

（5）在每周二、周四、周日晚上，你要让有创业属性的客户都去邀约各自的潜在意向客户进入你组建的临时微信群。同时，我们会教你给有创业属性的客户提供各种"诱饵"，比如砍价、秒杀、拼团、特惠、知识小课堂等，以便他们去做邀约。然后，你可以在群内靠私域直播 1~2 小时（主播可以是你本人，也可以是店里的导购员），快速讲解产品的品牌价值，在提供"诱饵"之后，你要在晚上解散此群（禁止群内互加好友），然后让进群的有创业属性的客户用体验过产品的亲身经历去 1 对 1 地说服自己邀请进群的意向客户。

经过以上五步后，你很可能会成功地从自己的客户中织出一张线上经销网，并充分掌握目前各种最先进的线上营销方式，给原本只是"地面部队"的实体店，搭建一支属于自己的"线上空军部队"。只要有了这张网络，之后再上架任何新品，就完全可以靠它快速销售。

这次给各位经销商的赋能，对你来说，很可能是一劳永逸的。最后，你的销售业绩会远超同行，因为他们还只是靠自己做销售，而你却和一群人一起做销售！

强调一下，这件事不是微商、直销，因为我们不需要客户囤货，不向其收代理费，也不做会议营销。这件事更不是电商，无须打广告和做竞价排名去获取流量。这是纯靠线上实现传播裂变和交易变现的先进的社交新零售模式，真正做到了每一笔收入都来自产品动销。

最后，希望我们能携手，一起度过新冠肺炎疫情难关，化"危"为"机"。

希望与你联手建立起一支属于咱们自己的"空军部队"！

×××官方发布

4.2.2　基于 C 私域架构的线下实体店私域

如何汇聚本地流量（增加上门量）？除了打广告等公域做法，经营以做 C 私域为主的线下实体店的思维方式要由"客单价思维"变为"单客价思维"。

对于线下零售行业来说，提高单客价的核心就是提高"逛"的体验，可以采用以下五类方法。

第一类：多品销售。比如，M&M's 旗舰店卖各种周边商品。

第二类：跨品销售。比如，合作款汽车可以在华为旗舰店里进行陈列。

第三类：提供娱乐。比如，在 Burberry 店里可以做各种娱乐活动。

第四类：提供服务。比如，在 Lululemon 店里，教练可以现场教学，带你运动。

第五类：提供地产。不少实体店都在追求成为"网红店"。为了提高"逛"的体验，迪士尼甚至自己建小镇，因为只有"逛"才能给线下零售业带来更多购买转化。

要想让线下服务业的"客单价"变成"单客价"有三大核心要素："打造爆款：高频引流到店""自然升单：系统性的 SOP""激发裂变：刻意引导客户"。这与 C 私域顶层架构其实是完全一致的，如图 4-1 所示。

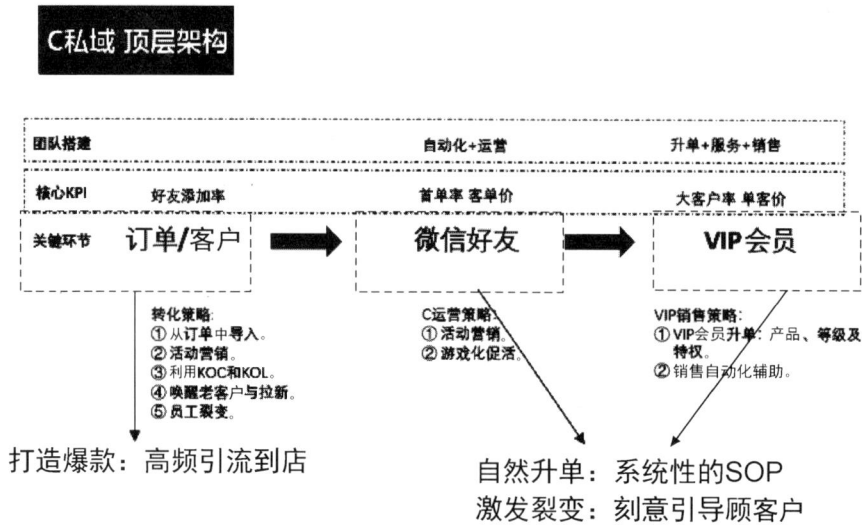

图 4-1

下面以线下服务业为例，看一下美容院如何在半年时间里增加 4 万个新客户。

1. 打造爆款：高频引流到店

爆款的三大标准：首先，这个项目一定要有效果，且越及时越好，越易直接观察到越好，这样容易有口碑（若难直接观察到效果，则最好有辅助手段，比如卖减肥产品送体脂称，因为短期内减肥效果难直接看到，但体脂称上数据变化是容易看到的）。其次，可标准化规模复制。最后，项目本身最好具有一定的扩展性，无须靠推荐别的项目就能自升单。

在美容行业中，"脱毛"项目很符合爆款的三大标准。夏天一到，爱美的女孩子穿得都很清凉，为了避免某些部位毛发引起的尴尬，所以对脱毛有很大的需求，且不仅对脱腋毛，对很多部位都有脱毛需求，如唇部、上臂、前臂、大腿、肩胛、背部等。在脱毛后，可以及时看到效果。如果她们在脱完一个部位的毛发后觉得效果不错，就可能会选择脱更多部位的毛发。这就是典型的有效果和自升单。该项目是通过光电仪器来做的，在培训后即可上手，可标准化规模复制。

在选好项目后，接下来就是如何"爆"。你要快速获取第一批种子客户，这就是冷启动问题。首先，你需要梳理自己的资源（包括老客户资源、新客户资源，以及店周边的消费人群），设计针对该项目的营销策划（活动等）。其次，你要学会借助公域的力量去"引流"，这里有一个核心的问题：无论在美团、大众点评、抖音等哪个平台上，你都会和竞争对手同时出现在客户面前，不管是以列表的形式还是以视频流的形式，怎样才能让客户在看到你的时候停留下来？

你在逛街时会路过很多实体店，只有能够让你愿意停下来逛逛的店才有可能做成你的生意。线上的道理一样，还以脱毛项目为例。在美团、大众点评等平台上，搜索这个项目的结果一般都是一些干净、漂亮的女生形象海报（有的图上还会有脱毛仪器），几乎看不出来各家的海报有什么差别，价格从几百到几千元不等。如果你的海报直接以图示的方式告诉客户，你卖的是"①术前沟通。②确定方案。③签署档案。④协助更衣。⑤拍照。⑥备皮。⑦消毒。⑧脱毛。⑨再次预约"这样一套完整的服务流程，并且新客户仅需花 1元。当客户看到这样的价格时，原本只是心动+怀疑，但看到你卖的是这么完整的服务，就很容易打消怀疑，从而停留—心动—立刻下单。因此，你就成功地从公域中"引流"，实现了冷启动。

2. 自然升单：系统性的 SOP

刚才提到，新客户仅需花 1 元，即客单价是 1 元，而在本案例中，最后核算下来单客价为 160 元。这是怎么做到的呢？

首先，对于客单价越低的客户，越要提供极致的服务，这样才能让他放下进店后的戒备心，更利于"自然"升单。以脱毛项目为例，可以提供以下极致服务：①专业仪式感。每个客户在接受服务前都需要签署《光子脱毛治疗知情同意书》和《脱毛治疗记录》。②标准化服务流程。这个 SOP 要细化到"房间配置、物品摆放、人员分工"，以及"接待流程：接电话、预约登记、接待、咨询、等待、服务"，甚至"服务流程：美容师自我介绍、清洁、备皮、（冷凝胶、防护眼镜、仪器等）原理和介绍、治疗头消毒、服务中的沟通、操作方法与次数、操作时间、其他部位开发、在服务过程中了解客户的其他项目需求、冰敷、团购验证与好评、离院"。要把每个环节的实施动作，以及当面对新/老客户时的不同话术都形成 SOP。美容师仅需提前彩排，记住 SOP 即可，再在服务过程中做出来和说出来，就很容易让客户感受到专业度，从而与他建立信任感。

重点说明：上面提到的"其他部位开发、在服务过程中了解客户的其他项目需求"是指，在为新客户服务的过程中，按照既定的话术进行升单铺垫，一定不能发硬广告。客户本来就有戒备心，一听到广告，几乎就不会再消费了。

还要注意的一个细节是，很多店都采用客户上门后先核销券再服务的方式，但既然你要打造极致服务，且本来花 1 元是象征意义的，就要在服务后再核销券，这样客户体验会更好。

其次，不仅在店里需要提供极致的服务，客户离店后更需要。最主要的就是，回访时间点和话术 SOP。还以脱毛项目为例，下面供你参考学习，非常细致，其中连话术中的表情符号都提前策划好了。

前提说明：如果客户一直没回复，那么客服就说："亲爱的，您现在忙吧？没关系，等您有空了，回复我一下就好，谢谢（愉快表情）。"

（1）客户消费后 2 小时。

客服："尊敬的某女士！您好，您做完 YYY 项目已经有一会儿了，感觉怎么样？×××部位有没有不舒服？（愉快表情）"

客户："还行，没事了。"

客服："女士，麻烦您对今天的服务及美容师进行一下评价：不满意、一般、满意、非常满意。"

客户："非常满意。"[如果客户没有回复，那么客服可以这样说："女士，您现在在忙吧？没关系，等您有空了回复我就好，谢谢。（愉快表情）]"

客服："您的鼓励将激励我们全体人员为您提供更优质的服务，谢谢您的认可，您的满意让我们非常欣慰，期待再次为您服务。（拥抱表情）"

补充：如果客户不太满意，那么客服可以用以下话术。

客服："非常抱歉，女士，没有让您非常满意。能否占用您一点儿时间？您能否告诉我们哪里服务得不好？还需要改善哪些地方？谢谢您提供宝贵的意见，以便下次为您及其他客户提供更好、更优质的服务。（愉快表情）"

客户："×××××××××"

客服："谢谢您的意见，我们会改进的，您以后有任何问题都可以随时和我联系哦。"

客户："好的。"

客服："这是您做完 YYY 项目的注意事项，请您查看：×××××××××××么么哒（拥抱、鲜花表情）!"

（2）客户消费后第二天。

客服："您好，女士，（例：××部位还红吗？还痒吗？根据前一天的情况来询问客户）这几天建议您多吃些含维生素 C 的水果。维生素 C 可以提高皮肤的抵抗力哦。（愉快表情）"

（3）客户消费后一周。

客服："您好，女士，今天是您做完 YYY 项目的第七天，情况怎么样啊？最近几天您有没有注意防晒呢？（太阳表情）"

回答："效果挺好的，×××××××××××"

客服："好的，×××××××××××（愉快表情）"

（4）客户消费后第十五天。

"您好，女士，今天是您做完 YYY 项目的第十五天，您有没有××××××××××呢？"

情况一：

回答："× × × × × × × × × ×"

客服："× × × × × × × × × ×"

情况二：

回答："× × × × × × × × × ×"

客服："× × × × × × × × × ×"

（5）客户消费后第二十八天。

提醒客户预约下次服务（复购）。

客服："您好，女士，您上次做 YYY 项目的时间是 × × × × × ×，您 × × 日有时间吗？我来帮您预约（愉快表情）。"

总结：回访时间点和话术 SOP 需要根据店家自己的产品与服务的特性来重新设计。

最后，除了上面提到的店内和离店的升单铺垫，还需要设计一套利于升单的价格体系。以脱毛为例，可以脱毛的大部位有 19 个，可以脱毛的小部位有 12 个。如果你让新客户花 1 元（每人限购一次）脱 1 个部位的毛发，在满意后再花钱脱更多部位的毛发，那么如何收费呢？是简单的累加，还是做的项目越多折扣越低呢？这都不太好，下面提供一个参考方案（以脱大部位的毛发为例）。

● 脱第二个部位的毛发收费 499 元：这个价格是后面几个价格中优

惠力度最大的，适合基于第一个部位的体验，利用客户继续捡便宜的心态让其再买一个。

● 脱第三个部位的毛发收费 799 元：这需要强销售驱动，基于前两个部位，深化服务价值，获取客户对品牌和服务的认同，从而让其下单。

● 脱第四个部位的毛发收费 699 元：提供更大的折扣，针对已经付款799 元的忠实客户，以低 100 元的福利进行销售，增加客户黏性。

● 脱第五个部位及以上的毛发收费 599 元：一般购买了四个部位脱毛项目的几乎都是 VIP 会员，且单客价相对较高，所以接下来只需要维护好关系即可。

3. 激发裂变：刻意引导客户

打造爆款仅为了冷启动，虽然基于上述极致服务会有自主口碑传播，但是你仍需要刻意引导下的口碑裂变。

在上面提到的"升单：系统性的 SOP"中，在结束服务之后，如果客户是通过美团或大众点评下单的，那么可以使用以下引导裂变话术。

美容师："好了，小姐姐，您今天的项目做完了，我现在验证一下您的验证码，您是在哪个平台上团购的呢？是美团还是大众点评呢？"

客户："我是在××上团购的，验证码是×××。"

美容师："好的，您对今天的服务还满意吗？有什么需要改进的地方您可以告诉我哦!"

客户:"挺满意的,×××都很好。"

美容师一边验证,一边说:"好的,我们一定会继续努力的,麻烦您帮我们在后台给【强烈推荐】的 5 星好评,可以吗?"

客户:"好的。"

美容师:"我教您怎么弄吧,您可以再拍几张照片,好吗?"

(在客户给好评后,再让客户离开)

重要说明:一定要协助客户当场点评,否则客户回家后很可能就忘了点评。美团或大众点评等平台的好评率达到 15% 即可"良性循环式"获取更多自然流量,也就是说如果每天有 60 个客户,那么仅需 9 人给好评即可。这时,裂变就完成了。

2021 年开始流行的抖音店播的道理也一样。当结束给客户服务的时候,你可以刻意引导客户将你为她拍摄的做项目过程、她的美照,以及店里的环境,利用剪映 App 一键成片,这仅需 10 秒即可完成。然后,你可以引导客户将视频发布到她的抖音账号,并且 @店家官方号,给该视频标注店地址。其他人通过点击视频中的店地址进入店家官方号,就可以直接点击店家抖音小店挂出的项目链接进行购买。这时,裂变就完成了。

第 5 章

实战案例剖析

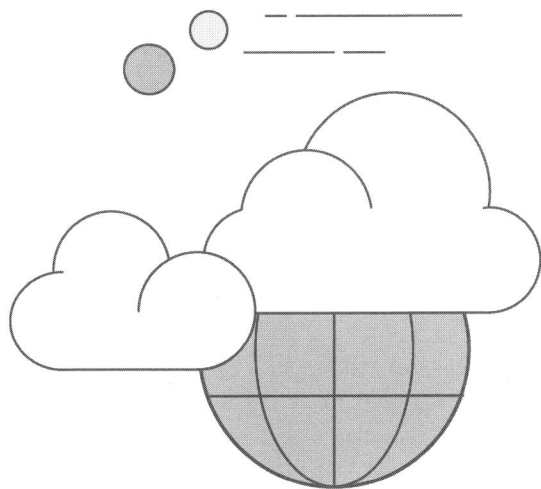

5

5.1　9个人用手机做卖豪车等生意，年收入超过15亿元

在豪车销售领域，有一家神奇的豪车销售公司，没有 4S 店展厅，也没有库存，办公场地只有 100 平方米左右，但用手机卖豪车等的年收入超过15亿元。

这家公司的创始人叫纪文华，大家都叫他"老纪"。

5.1.1　豪车毒的创立

老纪其实并不老。他是 1990 年出生于江西的年轻人。

2009 年，不到 20 岁的老纪只身来到杭州，进入杭州汽车城打工。这个工作，让他可以接触到自己最喜欢的豪车。

因此，老纪对每一笔订单都非常珍惜，非常感恩每一个客户。每成交一辆汽车，他都会用自己的钱额外给客户送礼物。这种看似很傻的行为，获得了客户的好评与更多的信任，也为他创业积累了种子用户。

在汽车城工作期间，老纪发现，很多豪车的车主都是企业家或者高管。他们的时间很宝贵，而豪车是标品，只要确认好了品牌、型号、颜色、价格，车主不需要到实体店，只需要通过手机就可以完成交易了。

于是，老纪开始思考，既然客户不需要到实体店，他是不是就可以用手机直接卖车呢？

带着这个想法，在工作半年后，老纪凑了几万元钱，开了豪车销售公司。刚开始，老纪只有 8 个客户。2019 年，老纪累计有了 6000 多个客户，到了 2020 年，老纪有了 20 多万个私域粉丝。

5.1.2 销售奇迹：搭建 C 私域架构

神奇的是，豪车毒没有展厅、汽车、库存，只靠手机运营私域，销售和服务流程也都在微信上完成。

1. 为什么客户敢在微信上购买 100 多万甚至几百万元的豪车呢

首先，豪车毒的大部分客户都是老客户转介绍的。豪车毒的客户几乎都是各大企业的企业家或高管，彼此之间更容易建立信任关系。另外，豪车毒的价格优势也是客户选择它的重要原因，由于其有渠道优势。

其次，老纪从来不把客户只当成客户，而是把客户当成朋友。因此，大家对老纪也会有超越一般豪车销售人员的信任，甚至到老纪这里买车变成了一种社交货币，买车的目的是和老纪交朋友。

在成交之前，豪车毒是不和客户讲服务的，老纪坚信，在成交之前和客户讲服务，那是典型的"耍流氓"行为。

豪车毒追求的是，让客户体验极致的交车服务。除了标准化的交付，豪车毒团队会根据每个客户不同的需求做定制化、个性化交付。比如，客户送车给女友庆祝生日。他们就把豪车用巨大的礼盒包装好，安装好灯，配好音乐，在礼盒里放上鲜花和气球，然后把汽车作为礼物，既满足了客户需求，又给了客户惊喜。于是，客户就忍不住要把这样极致的服务发到朋友圈。

这也印证了老纪的一句名言：同行都没有做的才算服务。一种服务，同行已经做过的就不能称为服务，而是"义务"。

这些豪车客户的朋友圈内容就是最精准的私域传播内容。

交车后的服务是老纪最看重的。老纪经常说："交车以后，我们的服务才算真正开始"。如果客户的汽车在外地抛锚，或者发生事故，那么他只需要通知豪车毒团队。豪车毒团队会在第一时间安排备用车，让客户开备用车先离开，然后处理后续所有事务。豪车毒团队会用拖车把故障车运抵维修厂，在车修好后，给车加满油，做好深度清洁，放上高档的水、纸巾、口香糖等再换回备用车。

极致家庭深度清洁服务让客户以成为豪车毒的客户为荣，让客户身边的邻居和朋友都想成为豪车毒的客户。因为购买汽车不算特别高频的消费，为了能更好地服务 SVIP 会员（超级会员），老纪打磨了一项极致家庭深度清洁的服务项目。要想让这些豪车车主满意，豪车毒的极致家庭深度清洁服务也要做到超出预期的专业和精细。

比如，在清洁剃须刀时，他们会从里到外清洗，连充电口都会洗干净，然后给它充满电。在清洁化妆品时，他们会把每一个化妆品盒都打开，仔细擦。在清洁床时，他们会把床垫抬起，把床底下的卫生死角全部清扫干净。在整理数据线时，他们会把数据线用纽扣扎起来，以免数据线缠在一起。如果客户家里的药和食品过期了，他们会全部挑出来。总之，他们会关注每一个细节。

他们会清洁空气净化器、马桶、水箱、牙刷、油烟机、酒柜、外墙，对所有的角落都做深度清洁。他们还会帮客户仔细清洁水晶灯。几乎没有一家保洁公司会把灯上的水晶珠一颗一颗全部拆下来清洗，但豪车毒团队把每一颗水晶珠都拆下来，清洗好以后再挂上去。

在清洁工作结束后，他们还会在客户的每个房间都放上小礼物，并且给每个人都送上贴心的小礼物，包括茶、书法作品、水果、花等。如果客户的家里有小孩，那么他们会贴心地送上土鸡蛋。如果客户的家里有宠物，那么他们会把宠物食品也准备好。

这些超出预期的服务，最终会让客户感动。客户会主动帮豪车毒发朋友圈。同样，对于极致家庭深度清洁服务，他们也会在 VIP 会员小群里，向客户展示清洁前后的对比图和视频。这也是在不断地制造触点，让客户忍不住帮他们发朋友圈。客户发的深度清洁的朋友圈内容，对转介绍价值更大。如图 5-1 所示，这位客户的朋友圈给豪车毒带来了 4 个新客户，增加了几千万元的销售额。

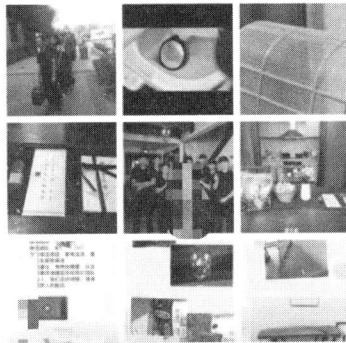

早上，一行九人的队伍在小区门口非常引人注目，这个团队连续两天的清洁工作，还给我一个窗明几净温馨的家。为细致、极致、专业、用心的服务点赞。

一群"90后"高颜值、富有青春气息的帅哥和美女，在家都是父母的宝贝，在外工作时这么踏实细致，除了常规的清洁，还给空调机清洗滤片、除螨，给地板打蜡；令人惊喜的是，把断弦多年而搁置的古筝搬去琴行修好了！🤙最后还赠送礼物，有香、书籍、书法作品、临安山上的土鸡蛋、香茗铁观音，竟然还有狗粮，真的太贴心了！最后，没忍住要求和这个高颜值的可爱团队合影留念，感谢你们的辛勤付出！👍👍👍

收起

图 5-1

豪车毒为 VIP 会员、SVIP 会员每年送 5 份节日礼物，并且终身免费送。客户在每次收到豪车毒精心准备的礼物时，与豪车毒的关系就加深了一次。

老纪现在还在为自己的第一个客户服务。老纪的第三个客户，之前因为生意失败，身边的亲友都疏远了他，只有老纪逢年过节都给他送礼物。他特别感动，2020 年东山再起，在豪车毒又买了 1000 多万元的豪车。

老纪把客户宠成了"上帝"，让他们再也离不开豪车毒。豪车毒给客户的极致体验，让客户觉得，在豪车毒买的不是一辆车，而是管家式的服务。客户在豪车毒享受到的服务越多，日常需要操的心就越少，对豪车毒就会越依赖，很难再到别家买车。

2. 豪车业务升级，开辟二手豪车收购及奢侈品代购等业务

豪车毒的客户大多数是企业家或者高管。在经济环境好时，客户赚了钱来豪车毒买车。这两年的生意不好做了，很多客户的资金紧张，就想到了卖车。于是，豪车毒就开始做起二手豪车的收购业务。

其实，卖二手豪车的利润率是远远高于卖新豪车的。老纪收购二手豪车的对象还是同一批客户，赚的还是同一批客户的钱。

由于与老纪建立的良好信任基础及对豪车毒团队的信赖，客户在有除了购买豪车以外的高端需求时，也会在第一时间想到豪车毒。于是，豪车毒又延展出"豪奢毒"业务，帮企业家的太太、女儿们代购很难买到的奢侈品，增加和客户联系的频率。通过此项业务，豪车毒又吸引了一批奢侈品收藏爱好者粉丝。

这其实是通过极致服务挖掘客户终身消费价值的典范。以前是把一个产品卖给 1000 个人，现在是把 1000 个产品卖给一个人。

围绕同一批客户，老纪不断地拓展自己的商业边界。在服装方面，老纪可以提供高级定制衣服。在吃方面，老纪可以提供代办家宴服务。在住方面，老纪不仅有清洁团队，还有豪宅资源可以对接。在出行方面，老纪做的就是汽车销售。在医疗方面，老纪也可以对接最好的资源，甚至在教育、娱乐、旅游等方面，老纪都搭建起了服务供应链。

5.1.3　120 平方米的夜宵店的年营业额达到了 3300 万元

2018 年，在阿里巴巴杭州西溪园区后门，老纪开了一家叫老纪蚝宅的夜宵店。这家夜宵店只有 120 平方米，年营业额达到了 3300 万元。

1. 为什么这家小小的夜宵店会这么火呢

产品创新是关键。老纪自创了高压锅生蚝。它新颖，有创意，自带传播属性。最多的时候全国开了 2000 多家高压锅生蚝店。

老纪其实在无意间发明了这道菜。当时，他的远房亲戚从深圳寄给他一箱生蚝，但他不知道该怎么吃。为了确保能把生蚝做熟，老纪就随手指着高压锅，让妈妈把生蚝在高压锅里蒸熟。

没想到，用高压锅蒸熟的生蚝异常鲜美，尤其是蘸上老纪的妈妈调制的酱料，味道让人赞不绝口。

在生蚝做好后，老纪的妈妈问："儿子，我们开店要买什么样的盘？"老纪说："不用买盘，把整个锅端上去就好了。把高压锅端上去，打开盖子，热气腾腾的，大家都会拍照发朋友圈。"

正逢朋友圈快速发展和抖音快速传播的时代，发着"噗噗"声、冒着热气的高压锅被端上桌的情景恰巧适合社交媒体传播。

在高压锅生蚝店开业的时候，他首先邀请豪车车主客户来免费品尝。

客户进店后，看到端上来的热气腾腾的高压锅，吃到新奇的美味，就会忍不住拍照发朋友圈。这些客户的大多数朋友圈好友都是本地的朋友和同事。他们看到这么新奇的美味，也会来品尝。

另外，因为他的客户都是豪车车主，老纪蚝宅的门口就很容易停满豪车。长期停满豪车的夜宵店，也会引起更多周边客流的好奇，进而引起排队效应。排了 1~2 个小时后进店的客户，看到热气腾腾的高压锅生蚝，又纷纷发朋友圈，为夜宵店带来了大量的免费客流。

有一段时间店里的客流量明显增加，老纪问食客们是怎么知道这家店的，大家都说是在抖音上看到的，他由此意识到抖音、朋友圈等平台裂变在餐饮行业中的价值。

老纪蚝宅很快就变成"网红店"。它没有花钱打广告，也没有刻意维护美团和大众点评的评论，却常年是杭州名列前茅的夜宵店。

这家夜宵店火爆的原因还是客户的朋友圈，是对客户的社交资源价值的开发。

2. 新冠肺炎疫情下的破局

在疫情期间，线下的餐饮店受到很大影响。老纪蚝宅不但没有受影响，而且 2020 年，老纪蚝宅的年营业额从最初的 3300 万元增长到了 5000 万元左右，涨幅超过 50%。

为什么呢？

因为高压锅生蚝不需要复杂地烹制，不需要厨师，就可以标准化地复制，规模化地销售。

当餐饮能够做到去厨化时，才能够标准化，进而可以规模化。正是因为高压锅生蚝不需要厨师烹制，所以，在疫情期间，老纪就把实体店升级成了生鲜电商。他利用朋友圈招募客户。客户只需要负责收集订单就可以了，发货和售后服务都由老纪团队来做。

老纪的豪车车主客户都不是普通的小 C。他们是企业家或者高管，所以一个人可能就相当于 1000 个人。所以，客户帮他发朋友圈，帮他收集生蚝订单，效率会很高。

在这次的破局中，老纪利用的还是客户的终身价值。他的客户还是同一批人。

5.1.4　高速增长：搭建 B 私域架构

为了增加豪车客户，老纪从几年前就开始招募事业合伙人。

只要事业合伙人介绍来的客户成交了，老纪就会把卖车的利润与事业合伙人均分。

老纪以前招募的大部分事业合伙人都不是他的客户（豪车车主），为什么呢？

这主要是因为这些豪车车主的身价很高，事业繁忙，没时间，也不在乎转介绍的佣金。

老纪重点招募有机会接触豪车车主，并且愿意将社交资源变现的人。事业合伙人本身是不是真的很有钱并不重要。重要的是，他能接触和影响有钱的人。

老纪第一批招募了哪些人呢？有高端发廊的发型师，也有卖豪宅的房产中介、给豪宅做保洁的阿姨、奢侈品的销售人员、销售高端医疗保险的代理人、高端旅游出行的导游，甚至高端墓地的销售人员等。老纪认识的一个高端发廊的发型师，一年给他介绍了 3 个豪车车主，该发型师也用获得的佣金从老纪那里买了一辆车。

5.1.5　打造创始人 IP，跨界使业绩翻倍

在疫情期间，老纪迅速跨界，受邀到各大平台和公司去做分享，如联商网、英特尔、抖音峰会、绿城集团、柏悦酒店、蚂蚁金服、长城集团、梦洁家纺、水星家纺、博洋家纺、认养一头牛、七匹狼等。

老纪总结了自己十多年的经验，与内容团队打磨出了服务性思维系列内容。老纪的真诚分享，获得了越来越多的企业家的认同和共鸣。

老纪开始进军短视频领域，不管多忙，都会抽出时间录制短视频，并接受各种直播连麦邀约。现在老纪的视频号粉丝已经超过 10 万人，抖音账号粉丝超过 80 万人，私域粉丝有 20 多万人。

老纪用了十年时间，积累了 6000 多个客户，年销售额约 7 亿元，通过打造创始人 IP，只用了一年时间，年销售额就翻倍了。

5.1.6　内部复盘的七点思考

每个人在听完老纪的故事后，都很有感触。我们要思考的是，老纪的故事在商业上给我们的启发是什么。

（1）豪车毒的初始私域粉丝从哪里来？

老纪的第一批车主客户，是他在汽车城工作时积累的。

他在确定了创业想法后，就开始不停地与客户沟通他的想法，并邀请老客户成为他的代购公司的客户。

因为老纪此前对客户的服务尽心尽力，所以在他的努力下，有 8 个客户愿意尝试。虽然人数不多，但这 8 个人都来自富豪圈层。通过这 8 个人不断转介绍，老纪在 10 年里积累了 6000 多个富豪客户。

因此，我们在设计私域起盘的时候，一定要谨慎选择种子用户。在私域起盘的时候，私域粉丝数量不在于多，而在于是不是高质量人群。

那么种子用户应该在哪里找呢？种子用户往往就是我们的老客户，或者朋友圈里的好友。我们也可以到特定的圈层里去招募种子用户。

因此，在私域起盘时，粉丝数量多少并不是决定商业变现天花板高低的关键。种子用户的质量，决定了商业变现的想象空间。

（2）为什么老纪在微信上卖豪车，可以有这么高的转化率？

信任是一切交易的基础。

老纪的大部分客户都来自老客户的转介绍。新客户是老客户的朋友，出于对朋友的信任，他们对老纪也会有初步的信任。

当他的每一次卖车交付、每一次售后服务、每一次极致家庭深度清洁服务都能够超出客户预期的时候，客户对他的信任也在不断增加。因此客户愿意在他这里做二手豪车交易，愿意吃他的生蚝，也愿意帮他卖生蚝，甚至愿意帮他卖车。信任是一步步建立的。建立信任很难，但破坏信任是很简单的。做一次高标准的交付并不难，难的是每次都能超出客户预期。所以，我们一定要在整个链条上把信任做好。

（3）豪车毒是怎么打造出超高客单价的私域的？

豪车毒打造了超高客单价的私域样板。

在刚开始创业的时候，老纪的微信上客户的客单价是 50 万元左右。

由于老纪的客户大部分是企业家和高管，他们不只是单纯地为自己购车，很多人为公司购车。随着老纪的服务不断升级，客户对他的信任也不断增加。客户开始在豪车毒持续复购。有几个客户，甚至在老纪这里买了几千万元的豪车。

除了购买豪车，这些客户也有购买飞机、游艇、豪宅、名表、名包等的需求，这时也都会来找老纪。老纪会根据客户的需求，帮助客户买到合适的商品。

老纪思考的永远都不是怎么卖车，而是客户到底有哪些需求、他能做到什么程度。

（4）汽车的复购和转介绍周期都很长，老纪既没有财力，也没有背景，为什么能积累几千个高端车主资源,甚至在 2020 年私域粉丝超过 20 万人?

老纪刚开始时是一个完全没有资源的人,而豪车又是重度依赖客户推荐的产品。因此,老纪一直琢磨的都是如何让客户帮他转介绍。

豪车车主是不会随便帮老纪做转介绍的。因此,老纪用了以下三种方式持续获得客户。

① 持续琢磨如何让客户愿意帮他发朋友圈。客户朋友圈里的好友,大概率也是富豪。

"我的每一个客户都是我的顶级销售员"。当老纪把客户当作顶级销售员的时候,他会极度专注于思考如何让客户转介绍。

老纪打磨的极致交车服务、极致售后服务和极致家庭深度清洁服务,以及专业摄影师和摄像师拍的图片、视频,都是为了感动客户,让客户在感动之余能帮他发朋友圈。

② 招募事业合伙人,也就是从打造 C 私域到打造 B 私域。在标准化服务体系建立后,老纪开始大规模招募能有机会接触和服务富豪,并且愿意通过富豪资源转介绍来变现的人。

对于事业合伙人,老纪除了给他们分利润,还会给他们做相应的培训,并给他们提供图片、文字、视频等素材,帮助他们做好朋友圈内容的发布。同时,老纪也通过事业合伙人的朋友圈,建立潜在客户对豪车毒的信任。

客户的朋友圈,是私域的关键战场。平时,大部分人更关注的是自己的朋友圈。客户如果愿意转发与我们相关的朋友圈内容,将给我们带来精准的转介绍客户。我们需要给客户超出预期的产品和服务,在细节处不断打动客户，并且给客户准备好发朋友圈的素材，如视频、精美图片。这些都是需要精心设计的。

③ 建立售后服务体系，与客户建立长久联系，提高客户的复购率。豪车是非常低频复购的产品，但通过一系列的极致服务（尤其是极致家庭深度清洁服务）和坚持每年给客户送 5 份节日礼物，豪车毒和客户建立了更有温度的联系。

让老纪的私域粉丝数指数级增长的关键，就是打造创始人 IP。

以上三种方式让老纪截至 2019 年积累了 6000 多个客户。老纪从 2019 年年底开始打造创始人 IP"破圈"后，他的客户数快速增长。2020 年，公司的年销售额超过 15 亿元！

（5）豪车毒团队只有不到 30 人，为什么能提供这么多服务？

豪车毒团队确实很小，只有不到 30 人，其中清洁团队约有 15 人，微信汽车销售团队约有 9 人，摄影师和摄像师有 3 人，其他人则负责其他所有部门，包括美容部、金融部、保险部、售后部、家电部、代驾部、接机部等。

这么小的团队，之所以能服务这么多客户，是因为做到了以下三点。

① 所有负责汽车销售业务的人，都以老纪的 IP 卖车。做私域，必须先有个人的 IP。客户认为自己在和豪车毒的老板做生意，信任度会更高。

② 服务流程标准化。豪车毒的客户都是高端客户。所以，豪车毒团队必须周到、细致地服务，并且要为客户节省时间和金钱。只有标准化、规范化的服务 SOP，才能支撑业绩不断增加。

不管是发朋友圈、接待新客户的咨询、交车流程、极致家庭深度清洁服务流程，还是其他服务，豪车毒团队做的都是标准化的，即使话术和标签也是统一的。这就极大地提高了效率，给客户专业、靠谱的感觉。

③ 除了极致家庭深度清洁服务和接机是豪车毒团队的人负责，其他服务都是由合作的第三方公司提供的。

豪车毒在全国有 300 多家合作的第三方公司，客户服务由这些合作方完成。他们要负责对这些合作方的管理和培训，用制度来标准化他们的服务。

豪车毒脱离了卖豪车最大的成本，所以老纪把更多精力用在研发服务体系和人员培训（包括对第三方公司的培训）上。

这样，豪车毒就可以成为一家非常轻资产化的公司，只专注于服务就可以了。

（6）为什么老纪能想到这么奇妙的商业模式？

老纪成功的关键是思维逻辑，从"货"转到了"人"。

他考虑的并不只是如何卖车，而是客户到底需要什么产品和服务。

10 多年前，当同行都在挖空心思卖车的时候，老纪细心观察和思考的是，豪车车主为什么要买车和他们最需要的是什么。他发现豪车车主并不会亲自来汽车城提车。车主最需要的是节约时间和金钱。

因此，老纪会想尽办法缩短买车的交付周期。比如，客户在豪车毒下订单，除了定制车，豪车毒都可以在 7~10 天将车送到客户家，而汽车 4S 店通常要 2~4 周。

同时，由于没有额外人员、仓库租金、展厅等成本，老纪可以给客户更优惠的价格，同时提供更贴心的服务，从而让客户不断复购。

同样，老纪在思考客户对产品有哪些需求的时候，并不只是思考怎么满足客户对车的需求。他还一直在思考怎么样能让客户帮他发朋友圈，帮他做转介绍。

老纪的案例充分验证了在私域商业模式里，非常重要的两类私域是 C 私域和 B 私域。

C 私域：在 C 私域中，最有价值的 VIP 会员就是单客价高的人。如果我们要增加客户的单客价，就要让他买得更多，要不断提高客单价，让他买得更贵，要不断延长客户的生命周期，让他买得更久。

豪车毒的客户除了买新豪车，还买生蚝、二手豪车、奢侈品、游艇、豪宅，甚至还买包子和油条。这些都是老纪在不断地增加客户的单客价。

B 私域：对于品牌来说，虽然单客价高的 VIP 会员非常宝贵，但是能影响别人花钱的人往往更有价值，这些人就是 B。

愿意帮老纪发朋友圈的豪车车主，及豪车毒的事业合伙人，都是豪车毒的 B。这些 B 的朋友圈好友是最精准的豪车粉丝。我们在招募 B 的时候，不能只关注 B 的购买能力(是不是 VIP 会员)，而要关注 B 能接触到什么人，这些人是否对品牌有价值。

老纪坚信，每个人都是有价值的。因此，他的团队去给客户做极致家庭深度清洁服务的时候，也会给保安、阿姨准备礼物。这些和豪车车主接触的保安和阿姨，既给他的工作"开绿灯"，同时又可能为他转介绍客户。

做私域，需要看到人的价值，需要有利他之心，不能急功近利。

（7）豪车毒赚钱吗？

卖车业务的毛利一直都很薄。有些卖普通家用车的 4S 店，在卖车业务上，甚至是亏损的。卖豪车业务相对微利，但豪车只是豪车毒的"引流品"。老纪在不断开发和满足客户需求的同时，开拓的汽车金融、保险、改装、收购二手豪车等业务都是利润可观的。同时，他还帮客户购买游艇、飞机、豪宅、名表、名包等，这些也是另外可观的利润来源。

老纪蚝宅的毛利率在 50% 以上。除了堂食、外卖等业务，他还开拓了加盟业务，加盟费也是很可观的收入。

老纪也在抖音上发力，做出了 1 条短视频成交 1 亿元的惊人成绩。现在他去各大公司、平台演讲和培训，并开设了抖音培训课程，年营收已经达到了上千万元。这已经成了他的第三项收入。

老纪的产品体系还在不断拓展中。所有产品和服务的开发，都基于对客户服务的升级。老纪希望尽量满足豪车车主所有高端购物需求，不断地挖掘客户的终身消费价值。

5.2 100平方米的母婴店的年销售额达到 1500万元左右

在福建沙县的步行街上，有一家现象级的母婴店，叫婴乐会。

这家 100 平方米的母婴店只做了两年的私域，年销售额就从 200 万元增加到 1500 万元左右。其中，实体店的销售额占 30%，线上商城的销售额占 70%。与同行相比，婴乐会的客单价是普通母婴店的 5~10 倍，客户的复购率超过 90%，客户的转介绍率超过 70%。

这个奇迹的创造者，叫罗小凤。2014 年，罗小凤信心满满地在沙县步行街的中心位置开了一家母婴店，并且花重金装修。她觉得步行街的地段很好，人流量很大，她的实体店又装修得很漂亮，生意一定会很好。结果，第一天开业只卖了不到 1000 元的产品。当时，她整个人都蒙了。这种不盈利，甚至亏本的状况，持续了两年左右。

2017 年，一条朋友圈内容偶然开启了罗小凤的私域破局之路。某一天，罗小凤突然在微信上收到很多客户咨询同一款高端的儿童面霜的消息，并且当天就卖出了二十几罐这款面霜。这款面霜一直在她的母婴店销售，但在实体店一个月都卖不出 10 罐。她于是就开始琢磨，为什么同样的产品，在实体店卖不出去，而通过朋友圈就可以快速地卖出？

在研究客户心理的时候，她发现，大多数实体店的客户都会处于自我保护状态，觉得店员推荐产品就是为了赚他们的钱。当她在朋友圈分享她的女儿用了这款面霜后脸上的湿疹好了时，客户会觉得老板娘在给自己的孩子用的东西，肯定是好东西。哪怕贵一点，为了孩子也愿意花这份钱。

恰恰是在朋友圈生活化的分享，让客户更加信任。有了这样的猜想，罗小凤开始用心运营朋友圈。她不再屏蔽客户了，反而觉得朋友圈是她与客户交流的最重要的地方。

5.2.1　私域转型的契机

为了在朋友圈中与客户建立深度信任，罗小凤在运营的前半年坚持不在朋友圈做营销，只是把客户当作朋友。她每天在朋友圈发一些育儿知识、点赞领红包活动，以及一些好玩的互动游戏，目的是吸引客户，让其持续关注她的朋友圈，而不是急于成交变现。

直到 2018 年，罗小凤尝试开团卖德运的成人奶粉。她发的一条朋友圈内容带来的利润超过了母婴店一个月的销售利润，这时她才发现了朋友圈的变现逻辑。从那以后，罗小凤就更加坚定了做好朋友圈运营的决心，并且开始参加专业的培训课程，持续迭代私域运营的方法。

第一，开始布局微信号矩阵，包括营养师、育儿顾问、公司财务、微信客服等角色。她为公司的每一个店员都配了工作手机和工作号，这在很大程度上保护了公司的客户资源，使其不会因为店员离职而流失。

第二，不断优化朋友圈的内容，对朋友圈图片的质量精益求精。罗小凤每天把大部分时间都用在思考和打磨朋友圈内容上，而且特别看重朋友圈图片。她坚信，只有图片好看，客户才有看第一眼、第二眼的冲动，只有自己的生活状态是客户想要的，客户才会关注。

另外，罗小凤坚持只在朋友圈传递美好生活，从来不转发低清晰度的图片，也不会直接用品牌给的特别官方和商业化的素材。她有自己的摄影师，所有图片都是摄影师拍的。

第三，打磨朋友圈的内容和运营机制。朋友圈的内容，必须让客户注意到才有价值。在朋友圈互动，是增加关注度最好的方式。

因此，罗小凤把线下实体店经常做的小活动搬到了朋友圈。她每周都会在朋友圈做抽奖、送红包等活动，比如抢 9.9 元红包、抢 1 分钱纸巾、点赞送红包等，从而让客户关注她的朋友圈，因为随时都可能有奖品。这样，罗小凤在做活动前宣传、预热的效率都很高。只要她一做活动，实体店就会有很多人排队。

在策划日常发布的朋友圈内容时，罗小凤非常看重让客户有参与感。比如，罗小凤去旅游的时候，会把旅游景点拍成短视频，发到朋友圈。因为她的客户都是沙县的宝妈，她们很少有机会去远的地方旅游，尤其是去国外旅游。她们也不太相信"网红"，觉得与其有距离感。她们愿意跟着罗小凤的朋友圈去旅游。罗小凤有时候看到有当地特色的纪念品，就会做朋友圈活动，比如第几个点赞的人会得到纪念品。这样，客户的参与度就更高了。

经过对朋友圈内容和运营机制的打磨，罗小凤的朋友圈的互动率特别高。罗小凤的每个微信号里的好友不超过 3000 人。当她在朋友圈做赠送赠品活动时，很容易实现一两千人点赞互动。即使没有做赠送赠品的活动，她随便发一条朋友圈内容也有三百多人点赞。很多客户都养成了直接在朋友圈扫码下单的习惯。

第四，积极在朋友圈里与老客户互动，给客户提供帮助和建议。罗小凤非常关注客户的朋友圈，尤其是 VIP 会员的动态。平时，罗小凤如果看到客户发一些求助的信息，就会帮助他们解决问题，尤其在美食方面。客户给罗小凤起了一个外号，叫"美食推荐王"，因为不管他们想吃什么，只要问一下她，她推荐的都很棒。

第五，积极打造朋友圈口碑。朋友圈的口碑，最容易让客户建立对罗小凤的信任。罗小凤及其团队经常会收到客户的好评和称赞。她会通过朋友圈，把客户对婴乐会的好评展示出来，在朋友圈成为让客户信任的人，也获得了更多其他客户的信任。

第六，重点运营老客户，让老客户不断转介绍新客户。与拉新相比，罗小凤更看重对老客户的服务。罗小凤对老客户进行精细化的维护和用心的服务，从而使老客户给她介绍了很多新客户。老客户介绍来的新客户，对小凤的信任度高，未来更有可能升级为 VIP 会员。

5.2.2　高势能 IP 的打造

罗小凤一直认为，朋友圈是和客户交朋友的地方。只有先成为值得客户信任和喜欢的人，才能与客户不断地成交，并让其转介绍。

这就需要不断地在朋友圈打造和升级个人 IP。要想打造让客户信任的IP，需要做到以下几点。

第一，要优化朋友圈的"4 件套"：头像、微信昵称、背景、签名。罗小凤的朋友圈"4 件套"如图 5-2（1）所示。

（1）　　　　　　　　　　　（2）

图 5-2

朋友圈的背景和头像特别重要，是与客户建立第一次信任的触点。当新添加一个好友时，客户都会在第一时间看一下她的朋友圈，看一看她的头像和朋友圈内容。

（1）头像。罗小凤认为头像就是客户对自己的第一印象。罗小凤此前用的头像是写真摄影的侧面照片。客户给她的反馈是，那个头像不像专注于带孩子的妈妈。后来，罗小凤又测试了两个头像，最后选择了用海马体拍摄的一张照片作为头像，客户们都觉得既专业又温柔。

（2）微信昵称。罗小凤使用的昵称是自己的真实姓名。

（3）背景和签名。背景和签名可以告诉别人，"我"是做什么的、有什么价值，以及怎么能找到"我"。罗小凤的背景是"婴乐会·母婴社群创始人，S2B2C 新零售女性创业分享平台"。她的签名是"婴乐会·母婴社群·创始人"。这样，客户一下子就知道了她是谁、她是做什么的。

除了罗小凤自己用真人头像和姓名，公司的店员一律用花名+公司的 Logo 作为头像，以防店员 IP 带走客户，如图 5-2（2）所示。

第二，在朋友圈打造既美丽又励志的母婴店创始人形象。

罗小凤是一个非常喜欢在朋友圈发消息的人，非常坚信 IP 的力量，而且她认为朋友圈就是展示 IP 的最好途径。除了常规的朋友圈运营的晒单、晒好评，她在个人 IP 的塑造上，非常注重打造真诚、励志、勤奋、努力、自律的形象。

首先，罗小凤坚持在朋友圈发精美的自拍照和高品质的生活照。她是两个孩子的妈妈，还能保持少女的容颜和身材。她的精致生活方式，让很多沙县宝妈非常向往。

其次，罗小凤坚持在朋友圈输出她的价值观，用价值观来感染客户。比如，她有一条朋友圈内容写到，"我一直庆幸自己是一个量力而行的人，车款和房款都一次性付清，不贷款。我做生意也不为了面子盲目扩张规模，不欠经销商一分钱。我从来不做自己能力范围之外的事情，稳扎稳打地活成了我自己喜欢的样子。"这条朋友圈内容的画面是她站在别墅阳台上的背影（如图 5-3 所示）。

图 5-3

　　这条朋友圈内容让很多沙县宝妈感动。罗小凤是一个离异且带着两个女儿创业的妈妈，比普通妈妈更艰难。但罗小凤坚强、乐观地把母婴店从县城开到镇上，并且从 0 开始一步步做到年销售额 1500 万元左右，这在沙县简直是让人不敢想象的事情。所以，她买车、买别墅都没有贷款，也不欠钱，过上了很多沙县宝妈想要的既自由独立又美好的生活。

　　此外，罗小凤非常注重展现自己的勤奋和努力。"这么多年我都把电脑放到床上，累了就趴着睡一会儿，醒来继续工作。这几年确实在拼命干。"她给这条朋友圈内容配上把电脑放在床上的照片，如图 5-4 所示。同行们只看到了罗小凤的生意越做越大，却没有看到她付出了更多。她一年 365 天都没有休息，几乎每天都要忙到凌晨 2 点左右才能睡觉。她需要让同行和团队都看到她以身作则。

"这么多年我都把电脑放到床上，累了就趴着睡一会儿，醒来继续工作。这几年确实在拼命干。"

图 5-4

"自律"是罗小凤的一个重要标签。比如，她在春节期间长胖了 10 斤，于是决心减肥，开始每天健身。在过完年后，她就已经成功减掉了 6 斤，剩下的 4 斤也按计划完成，大家都很佩服她的自制力。

"爱学习"让罗小凤对客户更有感召力。罗小凤每周都坚持读书，并且每个月都到各地学习。她还是沙县樊登读书会的城市合伙人。

客户和合作伙伴在朋友圈看到这样一个自律、自立、已经很成功但还非常勤奋、努力的女性创业者，就会非常信任她。

第三，罗小凤通过朋友圈 IP 的不断打造，让客户对她的信任不断加强，已经开始产生了粉丝效应。

有一次，罗小凤出差忘记带苹果电脑的充电器，就在朋友圈发了一条求助消息，结果有几十个人把家里的充电器送过来，在上海的客户还用顺丰快递把充电器寄给她。

罗小凤的妈妈生病了，她也是通过发朋友圈请客户迅速帮她找到了医院和床位。在她妈妈出院后，很多朋友圈好友给她寄补品。

罗小凤会经常收到客户给她寄的各种礼物，有山珍、时令水果、各种补品等。

罗小凤有了只在微信上联系的越来越多的 VIP 会员。有的客户和罗小凤素未谋面，却在她那里买了十几万元的奶粉。甚至还有的客户，在新冠肺炎疫情期间，因为担心罗小凤的实体店会倒闭，主动要借给她 50 万元应急。

只有让人信任的 IP，才会产生这样的粉丝效应。

5.2.3　裂变增长：搭建 C 私域架构

1. VIP 会员转介绍

与不精准拉新相比，罗小凤更看重老客户的转介绍，尤其是 VIP 会员的转介绍。

2017 年，婴乐会的客单价只有不到 200 元。有一天，实体店来了一个贵客，她只问了几个问题，就买了 8000 多元的产品。此后，这个客户又介绍了两个朋友，每个人都买了几千元的产品。对于新客户，罗小凤可能要介绍 1 小时左右，而且客户不一定会买。

这让罗小凤一下子就意识到，如果做好 VIP 会员服务和转介绍，实体店的发展就会事半功倍。

因此，罗小凤站在客户的角度不断思考如何做好服务，让客户满意，如何打造口碑，让客户愿意主动转介绍。

婴乐会 70%以上的会员来自客户转介绍。要做好客户服务，就需要在服务体系和管理制度上都做好。

第一，在管理制度上，要保证客户服务的及时响应和质量。婴乐会有一条规定就是，在上班时间，店员必须在五分钟之内回复客户消息，如果有事没办法及时回复，那么也要向客户说明原因。否则，第一次罚款，超过 3 次就开除。因为宝妈们平时要带孩子，能来咨询和消费的时间只有几分钟。如果没有把握好她们想买东西的这几分钟，等她们冷静下来，成交转化率就会非常低。

员工的服务质量也需要奖励机制来保障。婴乐会的一条奖励机制是，如果店员服务客户，得到了客户在微信上的表扬，就会获得相应的实物或者现金奖励。这样，店员就会更加专注于在微信上服务好客户，并且主动思考客户需要什么、怎样才能得到客户的认同和赞美。客户的好评越来越多，她们的生意就越来越好了。

第二，建立有人文关怀的会员服务体系。比如，罗小凤自己有两个孩子。她深深地知道，宝妈如果带着孩子逛街，既要推婴儿推车，又要背着装有奶粉和尿布的妈咪包，逛街是毫无乐趣可言的。因此，她花钱买了几辆价值 300 多元的婴儿推车。只要是婴乐会的会员，就可以来实体店免费用婴儿推车。如果会员没有带奶粉、湿巾或者尿布，那么可以来店里免费使用。如果会员逛街买了很多东西，带不回去，也可以委托婴乐会把东西寄回家。有了这样的服务，很多会员即使没有买东西，也愿意到店里坐一坐。

第三，基于会员服务做实体店改造。婴乐会原本的主通道用来放主推品和利润品。随着来实体店的会员越来越多，为了让会员能有更好的空间休息，罗小凤将主通道的货架拆掉，扩大了会员休息区。也正是因为这样的服务，即使婴乐会卖的都是相对高端的产品，会员也会购买。

第四，坚持做高品质的实体店会员活动。每次婴乐会在店内做会员活动，都会请专业的广告公司把实体店布置得很漂亮。她们提前定高级的鲜花和高端的蛋糕，请化妆师在现场给 VIP 会员化淡妆，帮会员拍精美的照片，还会把照片冲洗出来，用相框装起来寄送给会员。更重要的是，婴乐会的会员活动真诚没有套路，不做产品推销。会员们每次参加婴乐会的活动，都觉得特别开心。

第五，"让全民当团长"。当罗小凤不知道如何选品的时候，她们的会员可以发起团购活动。对于会员觉得好的产品，她们经过分析，觉得产品可以销售后，会在平台上做预售。开团后，根据销售额不同，罗小凤设计了 3 档的返点体系。当团购销售额超过 1 万元而不到 5 万元时，罗小凤就给发起团购的会员整体销售额 1% 的返点，当团购销售额超过 5 万元而不到 10 万元时给整体销售额 3% 的返点，当团购销售额超过 10 万元时给整体销售额 5% 的返点。比如，有一次临近开学，会员建议做一次书包的团购活动。罗小凤找到供应商后，一下子卖了 400 多个书包，赚了 1 万多元，并给了建议发起团购的会员相应的返点，让该会员觉得非常有成就感。

2. 从 1000 多个微信好友到近 2 万个微信好友

罗小凤在刚开始做私域的时候，手机里只有 1000 多个微信好友，并且她在发朋友圈的时候是根据标签发的，客户看不到她的朋友圈内容。

当罗小凤意识到朋友圈是让客户对她产生信任的最佳平台后，除了优化朋友圈运营，她开始思考如何才能把福建沙县的近 2 万多个宝妈加为微信好友。这样，只要这些宝妈愿意看她的朋友圈，就相当于她每天在全城免费打广告。

于是，罗小凤开始策划活动，吸引宝妈成为会员。

2017 年，罗小凤做的免费送礼物活动，对宝妈是非常有吸引力的。罗小凤做了一个"洗衣液免费送"的活动，请会员们帮忙转发这个活动到朋友圈。她没想到的是，在活动当天整条步行街都堵了。婴乐会的店门口排满了带着孩子来领洗衣液的宝妈。当时，罗小凤还在睡觉，步行街的保安给她打电话，还以为出现了群体性事件。

有了"洗衣液免费送"活动的"前车之鉴"，罗小凤开始在线上做"加粉"裂变。比如，她在元宵节发布海报，免费送 100 包汤圆。客户在扫描海报上的二维码添加她为微信好友并登记后，就可以来领取汤圆。在疫情期间，她还做了邀请客户分享海报到朋友圈集赞满 18 个，就可以获得价值 39.8 元的抗菌洗手液活动。这些活动的成本很低，但裂变效果非常显著。

她还策划过小明星活动，邀请家长带着孩子来店里参加才艺比赛，然后让家长把自己孩子表演的视频发到朋友圈集赞，按集赞数排名，集赞第一名可以获得 1888 元的红包+福利礼包，第二名可以获得童车，第三名的奖品是品牌商家赞助的礼品，价值 1000 多元。当时，宝妈们纷纷将这个集赞活动发到朋友圈，裂变效果特别好。

经过一系列的活动，再加上老客户推荐，婴乐会的微信好友很快从 1000 多人增长到近 2 万人。罗小凤真的实现了"每天在全城免费打广告"的设想，年销售额从 200 万元增加到 1500 万元左右。

3. 标准化运营流程复制

如何让团队主动、高效地运营私域，是很多品牌的痛点。罗小凤给了我们很好的样板。

第一，罗小凤坚持以身作则，躬身入局。她先学习，再带着团队干。罗小凤刚开始做朋友圈运营的时候，只有自己的一个微信号。在有一定的运营心得后，她觉得需要参加专业的学习。于是，2018 年，罗小凤花了十几万元参加专业的私域培训，学习社群运营框架和营销策略。在每次学习后，罗小凤一回到店里就开始落地实践。当遇到新的问题时，她再去学习和参加培训。

她在测试朋友圈的运营方式期间，每天都花很多时间打磨朋友圈的内容和活动，并配图片和小视频。在摸出些门道后，她才开始带领店员一起运营，并且始终坚持亲力亲为，不断优化和打磨运营的标准化流程。

店员们在看到了罗小凤运营朋友圈带来的成果后，都意识到把客户添加为微信好友，并且用心做好朋友圈运营特别重要。因此，店员们都会主动、积极地"加粉"。为了"加粉"，她们甚至会自掏腰包做一些活动。比如，有一个店员买了沙县当地的"网红"小吃，然后在朋友圈发消息说，第十八个点赞的人免费得到小吃。

罗小凤还会手把手带着团队一起做私域，一起提高发朋友圈内容的能力，建立了专门的素材号。同时，罗小凤还鼓励店员用自己的语言分享对生活的思考，在朋友圈打造一个个鲜活而温暖的人物形象。

她每天都会组织团队一起选品和做朋友圈内容策划，并且打磨了一套朋友圈的三天爆品发售流程。

第二，婴乐会建立了标准化的客户标签体系。要想提高私域运营效率，一个关键点是，标签体系的标准化。婴乐会的标签打得很细致，比如新/老客户、低/中/高客单价客户、按品牌分类等。有了精准的客户分类，罗小凤的团队就知道应该如何分层运营，应该让哪些客户看到什么样的消息。她们一天可以发 20 多条朋友圈内容，但每个客户只能看到 6 条左右。

第三，在团队管理上，罗小凤从来不规定条条框框，只是设立好奖惩机制，让店员发挥自己的主动性，这样往往会有意想不到的收获。

同时，罗小凤鼓励店员积极、主动地服务客户。如果客户在微信上对某个店员表示感谢，这个店员就会得到公司的奖励。因此，店员都特别积极、主动地服务客户。婴乐会的店员经常凌晨一两点还在发朋友圈，在早上还没到上班时间又开始发朋友圈，不分昼夜地及时回复客户的消息。

婴乐会的店员只要坚持用私域的方式服务好客户，薪资、福利待遇就会高于同行。因此，罗小凤的团队一直都很稳定。在团队能成熟地运营私域后，罗小凤把大部分时间都用在后台运营策划和对接供应链上。现在，罗小凤已经很少管理实体店的日常经营了，把精力都放在了选品、活动策划和朋友圈 IP 打造上。罗小凤 IP 的不断破圈，也源源不断地为婴乐会带来了高质量流量。

4. 运维 C 和 VIP 会员群

婴乐会不建立泛粉群，只有一个 400 多人的 VIP 会员群。只有一次性充值超过 5000 元的客户，才会被邀请到这个大群里。所以，进群的人都是婴乐会的忠诚追随者，都有特别高的消费能力。在这个群里，婴乐会只提供服务和福利，给 VIP 会员专属的人文关怀、免单、红包、新品体验及特价活动。

对于普通的会员，婴乐会选择用三对一或者四对一的小群来服务。因为罗小凤太忙了，没有办法及时回复老客户的信息。所以，她就把老客户拉入专属的三对一或者四对一的小群。群里有罗小凤、店员或客服和客户，几个人服务一个人，以保证客户的任何问题都能在第一时间得到回复。这样的多对一小群让客户感受到了被尊重和特权感。

除了朋友圈、VIP 会员群，婴乐会的小程序也用得很好，最常用的就是开团小程序。她们会精选既好又实惠的"引流品"，吸引客户主动添加店员为微信好友。同时，婴乐会对于答应给客户的福利都会痛快地给。哪怕对于"引流"活动中一些"薅羊毛"的人用 1 分钱"秒杀"的产品，她们也会用礼盒包装好，寄给客户。无论这一单的利润是多少，都不能降低客户服务的品质。这样真诚地做开团活动，在添加客户为微信好友后，成交转化率很高。

5.2.4　计划布局：搭建 B 私域架构

婴乐会的 C 端服务和运营已经做得非常好了，1500 万元左右的年销售额也已经达到瓶颈。下一步，她们将重点做 B 私域，即建立分销型（含加盟）私域体系。

目前，罗小凤已经开启了宝妈分销计划，打磨标准化的培训和考核 SOP。

5.2.5　内部复盘的八点思考

（1）婴乐会只做了两年私域，年销售额就从 200 万元增加到 1500 万元左右，有哪几个关键要素？

从私域流量的商业模式上来看，最重要的是流量、单客价和自主裂变率。

在流量方面，罗小凤通过线上和线下的营销活动，把福建沙县的很多宝妈都添加为微信好友，朋友圈客户好友从 1000 多人增加到近 2 万人。这就相当于每天免费在全城打广告。

在单客价方面，罗小凤关注的是如何解决宝妈的需求。因此，这个母婴生活馆里的产品就不只是针对孩子的婴童用品，还有大量给宝妈使用的日用品、服饰、化妆品等。随着对客户需求的了解越来越深，罗小凤开发了越来越多的给妈妈用的产品，尤其在她特别喜欢的化妆品品类。

在自主裂变率方面，除了线上和线下的营销活动，罗小凤更加重视老客户的转介绍，尤其是 VIP 会员的转介绍。

（2）朋友圈运营有哪些关键环节和要素？

朋友圈运营是很细致的工作。其中，最重要的是以下四点。

① 朋友圈一定要有让人信任的高势能 IP。信任越深，单客价越高。IP 势能越高，成交转化率越高。

② 朋友圈的互动率是最重要的指标。朋友圈的互动率越高，朋友圈的触达率和转化率越高。

③ 一定要主动给客户点赞和评论。

④ 需要有专门的团队负责朋友圈的运营和活动，并且要做活动预算。

（3）朋友圈一定要有 IP 吗？

IP 是私域内容的起点，而做私域，最重要的是要有内容能力。有真人 IP 的私域和没有真人 IP 的私域，效率相差近一倍。

未来每个品牌都会做私域，但客户的时间和精力都有限，没有办法同时记那么多私域客服。有高势能的 IP 更容易被客户记住。

打造朋友圈的 IP，需要坚持初心。商业初心，决定了做事情的态度。价值观是最好的筛选器，可以帮助品牌获得志同道合的粉丝的支持。

（4）为什么我的团队做不好私域？

做私域，老板首先要躬身入局，带头示范。如果老板只是让团队去执行，大概率是做不好的。罗小凤自己先研究、学习、实践，在有了进展后，才带着团队一起做私域，效果很显著。

另外，对于需要团队做的执行动作，我们需要制定相应的考核指标及奖惩、提成制度。罗小凤制定的回复反应时长及好评奖励等制度，很好地调动了店员的积极性，并且让执行得优秀的店员能获得比同行更高的收入。这样就能很好地驱动店员认真工作。

（5）罗小凤为会员提供福利和做活动赔钱吗？

在"真私域"中做的是会员活动和"宠粉"活动。在"假私域"中做活动，一定要求 ROI，因为流量是一次性的。在"真私域"中，我们看重的是客户的信任关系和单客价（长期消费价值）。我们每一次为会员提供福利和做活动，都是为了加深客户对我们的信任，不但成本远低于在"假私域"中做活动，而且单客价不断提高。

（6）为什么罗小凤不建 500 人的大群？

运营婴儿用品群，风险很高。比如，如果一个宝妈在群里说宝宝喝了某款奶粉拉肚子，那么其他宝妈很可能也会说宝宝喝了该奶粉拉肚子。大群就很容易变成客诉群。同时，在大群中，我们很难避免竞争对手进来随意加人，甚至发布错误信息。

把忠诚的 VIP 会员邀请到群里，提供专享服务和福利，这才是健康的大群。多对一的小群更适合普通会员，还能确保及时响应。

（7）1500 万元左右的年销售额会是婴乐会的上限吗？

对于一家 100 平方米的沙县步行街上的母婴店，1500 万元左右的年销售额已经是 C 私域的可见上限了。要想让年销售额持续增加，重点要做 B

私域的拓展和招募 B。B 私域是私域商业架构的终局。

（8）对于罗小凤的案例，有几十家、上百家，甚至上万家实体店的大公司能借鉴吗？

我与很多线下零售实体店的老板和国际品牌的总裁讨论过如何为线下零售实体店赋能。他们更关注的是规模化扩张、全国整体业绩提高，而没有看到个体的能量。

其实，每个大品牌都有可能挖掘出罗小凤这样的店主。比如，梦洁家纺也有一家实体店，该实体店的年销售额突破了 1000 万元。

每个品牌如果都能多挖掘和培养出一些罗小凤这样的优秀店主，更聚焦于对忠诚老客户的服务，业绩和利润就会稳定地提高。

5.3 7个人的女装工作室的年销售额超过1亿元

仅有 500 个 VIP 会员、没有街边旺铺和自然客流的一间小小的女装工作室，却吸引了遍布全球的 50 多个加盟商，年销售额超过了 1 亿元。

尤其不可思议的是，这个女装品牌几乎没有库存，并且退货率不超过3%！这远远低于在电商平台上服饰品牌 30% 以上的退货率。

做出这么惊人成绩的团队一共只有 7 个人。这么小的团队是如何做到这个成绩的呢？

5.3.1　来自朋友圈的救命稻草

创始人在决定做该女装品牌时就意识到，如果只做女装，那么与其他品牌的差异度很小，竞争会很激烈。

因此，她把自己的品牌价值定义为，为客户提供穿搭和形体优化解决方案。于是，她先学习专业知识，并考取了国际认证的形象设计师资格证。

她第一次创业，没有任何经验，没有租客流量大的商铺，而是租了商住楼的工作室，导致完全没有自然客流。因为她把大部分资金用在进货和支付房租上，而没有预留做推广的费用，所以她的工作室两个月都没有客户上门。她看着成堆的衣服都快绝望了。

这时，她看到了一篇文章，文章中介绍了一个微商品牌团队通过朋友圈运营，把非常贵的面膜卖得很好。她觉得这很不可思议。同时，她还惊奇地发现，在她的朋友圈好友中居然也有人买过这款面膜。

于是，她就试着把自己试穿衣服的照片也发到朋友圈。结果是，她刚发完第一条朋友圈内容，就有很多人咨询，并且成功地销售了几件衣服。这让她真切地感受到，原来真的可以在朋友圈卖衣服！

后来，她就开始仔细研究为什么在朋友圈卖衣服的效果好、应该怎么发朋友圈、怎么拍摄。随着她的朋友圈运营得越来越好，生意也越做越好。

5.3.2 裂变增长：品牌化运营 C 私域

随着生意日渐起色，她正式开始了品牌化运营，建立了自己的服务体系。

1. 顾问式销售的标准化服务

为了更深入地了解客户，确保她们能提供正确的尺码，减少退货，她坚持不在微信上直接把衣服卖给客户，而是邀约客户来线下的工作室，进行 1 对 1 的顾问式咨询。

通过咨询，她帮助客户了解自己的尺码、挑选适合自己的颜色和风格的衣服，以及如何用衣服修饰身材上的缺陷。她给每一位客户都建立了专属的形象管理档案。此后，客户只需要在微信上咨询，就可以选到适合自己的衣服了。

虽然首次服务的流程有点复杂，但是经过这样的咨询过程，客户的满意度极大提高，并且退货率极低，极大地节约了成本。

2. 建立稳定的价格体系

在刚开始时，由于私域流量很小，所以她决定在"上新"速度上发力。该品牌一年"上新"18 期女装，每期有 25 个规格，但每个款式的数量都不多。因此，衣服只要一上架，就会很快被"抢"光。客户很快就养成了蹲点抢新品的习惯。渐渐地，该品牌的"饥饿营销"越做越好。

由于此前的经营模式都是小批量定制，没有库存和在换季时需要打折销售的需求。于是，她就建立了对普通客户不打折的价格体系。

在一年里，只有"618"和"双十一"期间，她才做感恩回馈充值促销活动。比如，在 2020 年的"双十一"期间，VIP 会员一次性充值 3 万元，就可以得到一套价值几千元的蚕丝被。她还会在 VIP 会员群做充值抽大奖活动，奖品是 1 万元现金或等价的奢侈品，吸引了很多人来充值。

3. 建立预售模式，实现 0 库存销售

由于朋友圈里的客户反馈一直很稳定，她每次都先小批量打版，在朋友圈做预售，在收到定金后，再生产。

即使偶尔有库存，她也会把库存衣服免费送给客户。这既解决了库存问题，又让客户非常开心。

4. 从 150 个潜在客户到 3 万多个粉丝的裂变

她的第一批客户来自朋友圈的 150 个女性好友。虽然她的朋友圈好友不多，但是大部分都是同期的创业者。她们中的很多人都是 KOC，都非常喜欢她推荐的衣服，每个人的口碑都可以做到非常精准的转介绍。

于是，她就邀请这些 KOC 去工作室试衣体验，在体验完后请她们帮忙将体验过程转发到朋友圈。

2017 年，她一共运营了两个微信号，大概有 8000 个粉丝。每个月运营一个微信号的收入就达到了 80 万～90 万元。

后来，她在不经意间服务了几个微博"大 V"，体会到了"大 V"就是"影响力中心"。

于是，她开始主动联系微博"大 V"，定期给她们送衣服。这些"大 V"很爱分享，有很强的传播力，给她带来了更多高质量的客户。

通过 KOC 和微博"大 V"的分享，该女装品牌在圈子里开始小有名气，私域粉丝增长到 3 万多人。

5. 建立 VIP 会员管理体系

该女装品牌目前有 3 万多个粉丝，但只重度运营 VIP 会员。VIP 会员一年可以带来 3000 万元左右的销售额，再加上做 B 私域获得的 7000 多万元销售额，销售额总计超过 1 亿元。

对 VIP 会员的管理，要做到以下四点。

（1）建立客户的品牌认知，让客户离不开她。

她在刚开始做的时候，服装店都只是在卖衣服。需要先对客户进行 1 对 1 咨询，建立客户的形象管理档案，并提供穿搭和身材缺陷修饰咨询服务的顾问式服装零售几乎没有。客户觉得很新鲜，因此咨询量很可观，但是时间长了客户就会觉得与街上的店铺没有区别。

所以，她开始让客户建立以下品牌认知：①买该品牌的衣服是要"抢"的，不是什么时候想买就能买到的。②该品牌的衣服是量身定制并推荐搭配的，是最适合客户的。③形象改变的小周期为 3~6 个月，大周期为 1~2 年，如果客户没有这个决心，该品牌就不卖衣服给客户。

在建立了品牌认知后，客户就会越来越精准，忠诚度也越来越高。

（2）"上新"速度快，建立 VIP 会员体系，提高复购率。

该品牌一年"上新"18 期女装，客户的复购率是 52%，连续 6 年都购买的老客户人数占比是 34%。女装的年平均退货率不超过 3%。

该品牌建立 VIP 会员体系只有一个原则：对普通客户不打折，折扣仅限于 VIP 会员。VIP 会员在消费满 5000 元时，可以享受 98 折优惠，在消费满 3 万元时，可以享受 95 折优惠。

（3）与客户一起建立情感账户，与客户"谈恋爱"。

在互联网时代，每个人的注意力都很短暂。如果你想留住客户，除了产品本身，那么还需要让客户在你的身上花费时间，持续关注你。

该女装品牌在内部培训时有一项内容是如何真诚地赞美客户，想客户所想，给客户想要的服务与产品。

当你主动地建立情感账户，往情感账户里存"钱"（投入情感）时，客户也会不自觉地往该账户里存"钱"，你们就建立了强关系。

（4）时刻坚信影响力"250 定律"，深挖客户的关系链。

该品牌的创始人始终坚信，每个客户可以平均影响 10 个客户。

做好客户价值挖掘的关键是，你的产品或者你的服务要让客户产生好的用户体验。

该品牌的每个顾问都经常会说这样一句话，"亲爱的，如果您觉得我们的产品和服务让您满意，可以把我们推荐给身边的朋友哟。"

这句话说了 6 年，每个客户都给该品牌转介绍了平均 10 个客户。

因为时刻坚信影响力"250 定律"，因此，该品牌的顾问会为每个客户真诚地服务，把客户口碑视如生命。

以前，在微博上有个人添加了该女装品牌的创始人为微信好友，买了一件衬衫，发现衬衫有线头，非常不开心。她就马上给客户寄了一件新衬衫，同时还亲笔写了一封道歉信。

没想到的是，这个客户是百万粉丝的微博"大 V"，在收到衬衫后很感动，在微博上做了推荐。

6. 从小批量定制到规模化"爆款"打造

在该品牌初创时，由于资金有限，做的都是小批量定制。小批量定制在供应链成本和未来规模化的发展方面，有很大的瓶颈。

该品牌要想规模化发展，就必须解决标准化的问题。

直到做了一场"风衣定制"活动，该品牌才正式开始规模化地打造"爆款"。

风衣是非常适合规模化生产的一个定制产品，很多人都需要，但是个子低的人很难买到适合自己的风衣。于是，该品牌找专业师傅定制了几个模板，可以满足不同身高的人的穿着需求。

他们把这个活动发到了朋友圈，结果有 30 多个客户预定了，而且都是三件起订。一下子，该品牌的账上就回款几十万元。

慢慢地，该品牌找到了打造"爆品"的方法，在客户对款式和颜色不求新求变的领域，做了"爆款"的鞋子和阔腿裤。这些产品不会过季，口碑一旦形成了，不需要推广，就一直有客户下订单。

有了"爆款"加持，生产成本和运营成本迅速下降，利润持续增加，规模持续增大。

5.3.3　高速增长：成功布局 B 私域（加盟）

与其他品牌不同，该品牌从 2016 年开始创业没多久，就开始做加盟了。

第一个加盟商是某大型保险公司的省区负责人。她通过微博"大 V"找到该品牌，主动提出想合作的想法，直接支付了几万元的加盟费。

后来，有四个 40～50 岁的女士也想加盟。她们都是 VIP 会员，每次都买 2 万元左右的衣服。

于是，该品牌的创始人开始研究如何用公司化的方式运营工作室，而不是以个体户的方式。

1. 明确加盟商的最低启动成本

她首先考虑的是，如何帮助加盟商用最低的成本启动这个项目。该品牌的加盟费是 10 万元。加盟商只需要租 60 平方米及以上的工作室，再花 2 万元左右做"软装"，一共花费大概 15 万元的成本，就可以启动轻创业了。

2. 为加盟商赋能，帮助其做好动销

该品牌不仅要帮助加盟商做好开店的各种准备，还需要为加盟商赋能，让其把衣服卖出去，而且要卖得好。于是，该品牌就要规范化运营，把怎么服务客户、怎么运营朋友圈、怎么与客户私聊，都总结成课件，给加盟商做培训。加盟商的朋友圈运营好了，不但能卖该品牌的产品，还可以推广其他产品和服务，收入就会增加。

2017—2018 年，只要该品牌释放出要做加盟的信号，就会有大量的客户来咨询如何加盟。

2019 年，该品牌在全国 15 个城市有 50 多个店铺，只有两家直营店，其他店都是加盟店。该品牌的年销售额已经超过 1 亿元，其中直营店的年销售额约占 30%，加盟店的年销售额约占 70%。

该品牌会为每个加盟商都建立 4 对 1 的服务小群，提供长达 12 小时的在线服务，还会给加盟商提供开业活动及其他活动的营销策划方案，定期邀请"大咖"分享，一起为加盟商赋能。

3. 标准化加盟商服务团队

该品牌的团队一直都很小，最初整个团队加上创始人，只有 4 个人。2018年，在加盟商有了一定的规模后，该品牌才扩建了服务团队，目前有 7 个人。

该品牌之所以可以做到小团队运营，是因为除了核心的产品和服务由该品牌自己做，其他工作都与外部专业公司合作。

具体来说，选品和品控由创始人来做。她每个月都会去工厂看产品，与厂家谈合作，比如产品贴上品牌标签后，要有一个月左右的保护期。该品牌的法务、财务管理、营销都是外包的。

客户服务和顾问团队有 3 个人，主要做在线咨询+线上店铺运营。有 1 个人专门为加盟商服务。货品部有 2 个人，他们管理后台发货和清点库存，而且一般没有库存，做的都是预售。给加盟商的定期培训是创始人和外面的老师合作来做的。

4. 成功地把客户 C 转变为加盟商 B

该品牌目前有 50 多个加盟商。它们一年可以带来 7000 多万元销售额。

该品牌除了做零售（C 私域），还做加盟（B 私域）。衣服是一个看似刚需，但很个性化的产品。很多客户连续几年买该品牌的衣服，买了很多款式的衣服，希望和该品牌长久合作。2016 年，很多客户询问是否可以加盟，和该品牌一起做这样的小事业。于是，该品牌就推出了加盟，一推出就非常受欢迎。很多加盟商都是该品牌的客户（成功地把 C 转变为 B），因为这些客户对产品和品牌非常了解。

同时，由于该品牌已经打磨出了朋友圈运营及顾问式销售的标准化流程，客户在低成本投入的情况下就可以轻松创业，并且容易实现盈利。客户就对该品牌更加忠诚了。

5.3.4　内部复盘的五点思考

（1）该品牌的私域流量是如何积累的？

在做私域时，大家普遍会陷入一个误区，即私域的粉丝越多越好。

其实，如果从效率与对企业和品牌的贡献来说，集中全部资源，服务好 VIP 会员，价值是最高的。因为私域的 VIP 会员的价值，就决定了品牌的定位和未来商业模式升级的方向。20%的 VIP 会员贡献了 80%的销售额。更重要的是，20%的 VIP 会员是企业服务的顶级圈层。

本案例的主角，只有 3 万多个粉丝，且团队只有 7 个人，年销售额却能超过 1 亿元。

该品牌从一开始就着力运营 VIP 会员和 B。因此，该品牌的私域粉丝很少。到 2020 年，该品牌的微信好友也只有 3 万多个，而她们只重度运营 500 个 VIP 会员和 50 多个 B。

该品牌的初期客户都来自创始人的朋友圈。虽然只有 150 人的女性微信好友，但大部分都是朋友圈里有影响力的 KOC。这些 KOC 在朋友圈的推荐，为该品牌带来了第一批 VIP 会员。此后，该品牌在深度服务客户的时候，发掘了微博"大 V"，也就是 KOL。于是，她们开始通过 KOL 加速裂变。

同时，该品牌成功地把 C 转变为 B，开始做 B 私域高速增长获客。

（2）年销售额超过 1 亿元，为什么团队只有 7 个人？

该品牌的战略性选择是，只重度运营 VIP 会员和 B。

该品牌的私域粉丝只有 3 万多个，重度运营的 VIP 会员只有 500 个。因此，创始人主要关注产品体系建设、供应链打磨和标准化的服务管理体系搭建，把非核心能力外包。其他员工通过标准化的培训流程、客户管理流程和服务流程，可以实现高效的轻运营。

（3）为什么该品牌可以做到年退货率低于 3%？

该品牌的销售模式是顾问式销售和预售相结合。对于首次想要购买的客户，该品牌不会直接销售女装，而是邀请客户到线下的工作室做 1 对 1 的身材诊断，并为客户建立形象管理档案。因为该品牌有客户的身材数据，所以推荐比较精准，才能把退货率控制在 3% 以内。

另外，在私域里，客户对品牌的信任度高，没有养成随时退货的习惯。

（4）为什么 B 私域（加盟）可以发展得这么快？

首先，该品牌使用的是社交新零售的顾问式销售模式，通过首次预约顾问咨询，建立客户的形象管理档案，让 VIP 会员与该品牌建立了深度的信任关系。

其次，该品牌打磨的加盟模式，可以让粉丝以轻资本开始创业，并且盈利的概率相对较高，非常容易吸引客户申请加盟。

再次，该品牌为加盟商赋能的体系完整。该品牌对选品、拍照、选址、形象管理咨询、发朋友圈、做 C 端销售服务等都做了完整的 SOP。加盟商只要按照 SOP 执行，就很容易获得业绩增长。

最后，该品牌的"上新"速度足够快，其对加盟商的服务专业，可以帮助加盟商把业绩做好。同时，加盟商除了做该品牌的项目，还可以把学到的私域运营能力用于自己的其他业务。

（5）该品牌为什么不建 500 人的大群？

该品牌在 2018 年建过 500 个人的群，结果同行把客户撬走了。该品牌同时也意识到，在大群里 VIP 会员的感受并不好，只有建立对 VIP 会员的专属服务体系，才能不断挖掘客户的终身消费价值。因此，该品牌果断放弃大群，建立 4 对 1 的 VIP 会员小群。这是服务 VIP 会员的最佳运营方式。

与运营大群相比，精心打造朋友圈、建立 VIP 会员筛选体系和服务体系，是私域运营最关键的部分。只有通过朋友圈，不停地输出品牌的价值观、产品的优越性和贴心服务，从中筛选出适合自己的 VIP 会员，打造品牌的圈层文化，才能产生粉丝经济和规模效应。

5.4　从0到1，新品牌9个月的销售额超过7000万元

一个全新的鲜奶品牌，只有 100 万元的营销预算，在面对强大的竞争对手时，如何另辟蹊径？

从发 5 条朋友圈内容到获得 1 万个白领粉丝，再到超过 7000 万元的鲜奶销售额，某品牌鲜奶上市的私域破局，相信会给你提供可以直接借鉴的私域运营思路。

5.4.1　挑战中的灵感火花

某品牌鲜奶在 2019 年 4 月上市。在它上市的时候，市场上的鲜奶品牌领导者是光明。

与市场上的鲜奶主要针对家庭型用户相比，该品牌鲜奶的主要销售对象是"90 后"和"95 后"的年轻人。他们更关注鲜奶的品质，价格敏感度较低。他们大多数单身，或者有小家庭，大部分时间在办公室。所以，该品牌鲜奶的主要触达场所是办公室。

该品牌确定的营销策略是针对办公室人群推广，而不是针对家庭型用户推广。

在确定好营销策略后，如何能够高效且低成本地触达白领？该品牌的营销人员又陷入了困境，头脑风暴了几种能触达白领的方式，但很快都被否定了。比如，打楼宇广告，但一年只有 100 万元的营销预算，完全无法支付高额的楼宇广告费用。

地推也不可行，除了巨大的人力成本和物力成本，鲜奶对冷藏条件要求比较高。在写字楼派发，也会有卫生方面的风险。

虽然困难重重，但该品牌的营销人员很坚持针对办公室人群推广这个策略。所以，他们最后思考的便是如何找到能带他们进办公室的人，即要找到办公室的 KOC。

通过团队的头脑风暴，很快，该品牌的营销人员就确定了以 HR 为 KOC。因为 HR 在公司里更像无私的"福利官"，并且他们是最有亲和力和被信任的活动组织者，是天然的 KOC。

5.4.2 快速冷启动：5 条朋友圈内容招募了 100 家企业的 HR

该品牌的营销人员决定招募 HR 做推广，发布了一篇公众号文章《招募 100 个 HR 为同事送 1 万份免费早餐福利》，并找了公司的 5 个同事去发朋友圈。刚开始，该品牌的营销人员很担心，不确定什么时候可以招募到 100 家企业的 HR 做推广。他们没想到的是，在 6 小时之内就有 264 家企业的 HR 报名！

为什么 5 个人的朋友圈就招募了这么多 HR 来报名？因为公司的这 5 个同事都是 KOC，她们的朋友圈里都有在企业做经营管理的朋友。

第一个 KOC 是该项目的发起人。她的朋友圈好友里有几百个企业高管和 CEO。当她在朋友圈发布这篇招募 HR 做推广的公众号文章时，朋友们纷纷帮忙转发给各自的 HR，并分享到朋友圈，帮忙一起招募。

第二个 KOC 是集团的公关部门负责人。她曾经在电视台工作 20 多年，朋友圈里有很多大媒体、大型国企和央企的负责人。

第三个 KOC 是集团的政府关系部门负责人。她帮忙把招募文章转发到朋友圈和相关的社群里。只有国企、外企、央媒和超大型企业才有政府关系部门，她的圈子非常精准。

第四个 KOC 是公司的 HR 总监。她有很多 HR 好友，也有 HR 群。这些群里的人正好是目标 KOC。

最后一个 KOC 是做新媒体的同事。她主要负责 KOL 的管理和对接。因此，她的朋友圈里有很多博主。当发布了这个活动后，一些自媒体公司的 HR 也申请参加这个活动。

5.4.3　获取体验者：100 个 HR 带来 10 000 个白领粉丝

在收到这么多企业的 HR 报名后，该品牌的营销人员赶紧让报名链接失效。因为他们当时只准备了 100 家公司的早餐及物料。

在让报名链接失效后，他们从中挑选出 100 家符合要求的企业，在和这些企业的 HR 确认时间后，就开始送早餐了。

由于是 HR 组织的早餐活动，HR 已经早早帮忙在内部宣传造势。他们只要在约定的时间准时到达，将鲜奶摆好就可以。HR 会组织员工有秩序地扫描二维码添加该品牌客服为微信好友，领取鲜奶。

白领们在扫码领取鲜奶后，该品牌客服会给他们打上简单的标签，主要目的是了解他们的性别及在哪个公司和哪座办公楼上班。

该品牌花了整整一个月的时间，走进了 100 家大型公司，获得了 10 000 个精准的白领粉丝。

在这一个月的时间里，该团队平均每天去 3~4 家企业送早餐，并很快和各大公司的 HR 及白领建立了初步联系，获得了大量送早餐过程中的照片、视频等物料。

在把客户添加为微信好友后，该品牌客服不会过度打扰客户，而是坚持每天在朋友圈用图片直播到各大公司送早餐的场景。

随着去送早餐的企业数量越来越多，添加的白领好友私域开始产生微妙的变化。

在刚开始时，白领们不了解该品牌。但当每天在该品牌客服的朋友圈看到有很多大公司的白领、高管都在喝该品牌鲜奶，并且好评不断时，他们越来越觉得该品牌是高端品牌，值得信赖。鲜奶的口味清甜、新鲜，很容易给他们留下印象。一旦他们信任了该品牌，就会产生复购需求。

当时，该品牌鲜奶只在盒马及盒马 App 上销售。于是，该品牌客服引导有购买意向的私域客户到盒马或者盒马 App 上购买。此次送早餐的活动居然有 15% 左右的自然复购率。

5.4.4　客户裂变：从 10 000 个白领粉丝到 10 万个粉丝

在获得了 10 000 个珍贵的白领种子用户后，该团队开始做私域营销的测试。由于鲜奶只有两种规格，一种是 900mL 装，另一种是 200mL 装。考虑到价格敏感性，因此他们需要重新调整产品体系。经过财务测算，他们制定了以下的产品线。

（1）200mL 装的鲜奶，零售价为 9.9 元，被当作引流品和关系品（只送不卖）。

（2）900mL 装的鲜奶，零售价为 21.8 元，活动价为 19.2 元，作为成交爆品，价格稳定。

（3）周期购的产品：鲜奶月卡、季卡和年卡。客户购买 191.2 元的鲜奶月卡后，可以得到 8 瓶 900mL 鲜奶+8 瓶 200mL 鲜奶。

有了这样的产品体系，该团队就开始测试各种私域营销拉新方式。经过测试比较，有两种高效且成本非常低的营销拉新方式。

第一种是微信好友裂变，建福利日快闪群。

该品牌把周三定为福利日，到了周三，会通过朋友圈传播鲜奶限时秒杀活动，吸引对该活动感兴趣的粉丝进群。通过后台软件系统的设计，在每个群达到 80 人后，粉丝就会自动加入下一个群，而每个群里的 80 人参加活动，完成裂变后，每个群达到 300 人。

活动规则是，零售价为 9.9 元的鲜奶，秒杀价为 4.9 元，但是群成员必须满 300 人，才能开始秒杀活动。如果群成员不满 300 人，此群就解散。另外，每个群成员都可以不限量秒杀，所有秒杀成功的鲜奶一次性配送。

在这个规则下，首批进群的粉丝就会纷纷邀请亲友入群，每个群一般都会很快满 300 人。该群在完成秒杀活动后就解散。在下次活动时，再重新建活动群。

为什么要设置不限量秒杀呢？对于鲜奶而言，运费是最大的成本。单独做 4.9 元的秒杀活动，品牌还是能盈利的。但如果加上冷链配送，运费成本就很难覆盖。因此，客户一次性订购得越多，运费就越低。

品牌也不用担心客户会"抢"很多，因为鲜奶的保质期为 7 天。活动规则是一次性配送所有秒杀到的鲜奶，如果客户"抢"得太多，鲜奶就很容易过期。客户一般只会订购在工作日喝的鲜奶，即 5 罐左右的鲜奶，或者把多买的鲜奶送给朋友，这就为品牌做了推荐。

为什么只建快闪群，秒杀活动结束就将其解散呢？定期建快闪群的好处是，让客户觉得不参加活动就抢不到特价鲜奶了，这会增加客户的期待值和参与度。同时，在活动结束，客服把新的群成员添加为微信好友后，快闪群解散。一方面是因为该团队没有更多的人运营，且由于产品都是标品，长期群对于客户的价值不高。另一方面，不会增加客户的心理压力。他就会非常乐意邀请亲友进群，裂变效率更高。

第二种是KOC裂变，即在朋友圈晒早餐。

为了打造朋友圈的口碑和扩大品牌影响力。该品牌以定期招募+定向邀约的方式，邀请私域KOC参加"晒早餐，赢奶卡"的活动。

只要KOC连续在朋友圈发7天早餐打卡消息，就可以获得一张月卡，而且在前6天的朋友圈内容里不需要出现该品牌的产品和Logo，只要正常晒早餐就可以。但是在第7天发的朋友圈内容里必须出现该品牌的产品和该品牌提供的微信二维码。

让KOC在朋友圈里先"种草"6天，客户在第7天扫描二维码的时候，信任度也会更高。让该品牌团队高兴的是，虽然他们没有要求KOC每天在发朋友圈时都放该品牌的鲜奶产品和Logo，但是KOC每天都晒了该品牌的鲜奶，从而吸引了更多的精准粉丝。

这两种私域营销拉新方式的效果都非常好，该品牌很快就有了10万个私域粉丝。

5.4.5　员工裂变：300 个员工卖了渠道卖 1 个月的订单量

除了这 10 000 个白领粉丝，该团队开始盘点还有哪些种子用户资源。

于是，他们把目标聚焦到了 300 个员工和上下游的伙伴上。这些人不但是该品牌的忠实粉丝，而且朋友圈里的好友也都来自各大企业，尤其是销售团队成员的微信好友里，有很多渠道合作伙伴的采购人员。

这些员工不断地在销售团队成员的朋友圈看到，该品牌鲜奶刚上市就得到了很多大公司白领的认可。公司上下都对该品牌鲜奶充满了信心！

于是，该团队趁热打铁，策划了一个为期三天的"看看谁是朋友圈带货王"的活动。

他们在鲜奶月卡的海报上加入了一个小程序，员工只要生成带有自己专属二维码的海报，当他的好友扫码时，不管是否购买，他就都会在第一时间收到后台的消息通知。

这是员工第一次参加这样的活动，觉得特别新奇。再加上好友扫码或者购买都有第一时间的及时反馈，大家开始纷纷 PK 谁的好友多、谁在朋友圈带货更给力。在活动结束后，"带货王"卖出了 68 张月卡，获得了 200 多个好友的关注！

经过三天的 PK，该品牌评出了冠军、亚军、季军，分别为他们赠送了鲜奶年卡、半年卡和季卡。大家都非常开心，同时该品牌又获得了几千个精准粉丝。最后，300 个员工在朋友圈销售了相当于在盒马 App 上销售一个月的鲜奶订单量。

5.4.6 私域里的品牌共创

除了私域营销拉新，在晒早餐和朋友圈带货王 PK 活动里，该团队还发掘了一大批摄影和写文案人才，对鲜奶产品的饮用场景，及整体的供应链如何优化有了更深的了解。

临近七夕，负责送早餐活动的同事，在一家公司抓拍到了一个帅气的"小哥哥"在喝鲜奶时的照片。这个"小哥哥"的侧脸非常有吸引力，该同事在征求他的同意后，把他的照片发到了朋友圈。

没想到的是，这张照片成了点赞量和评论量都最高的活动照片。很多粉丝在问，该品牌是不是签了"小鲜肉"代言人。

于是，该团队赶紧和这位"小哥哥"联系。在得知他的兼职身份是模特后，该团队就跟他签了"微代言"（把他签约为品牌在微信里的代言人，他的肖像只用在微信里），用来做七夕活动。

对于七夕活动，该团队的两位"90 后"同事想到了一个桥段。公司的一个"小姐姐"暗恋这个"小哥哥"，但一直不敢表白。于是，她每天就为他送一瓶鲜奶和一份早餐。在七夕前夕，"小姐姐"鼓起勇气想去表白，没想到这个"小哥哥"先表白了。该团队邀请粉丝在这个故事下面写出他们的爱情故事，并挑选获奖故事，为其赠送鲜奶月卡。

这样一个简单的场景故事，引发了大量白领女性的回忆和共鸣。后台的故事就像雪花般飘来了，一下子把私域里的白领粉丝激活了。其中，一个粉丝说，该品牌鲜奶的味道清甜，像极了爱情！

这让该团队眼前一亮。他们之前一直没有找到合适的词来形容鲜奶的味道。一旦把奶的味道和爱情关联起来，产品价值就升华了。即使一杯有爱情味道的鲜奶比普通鲜奶贵 30% 左右，客户也会购买。

紧接着该品牌就做了"为爱送奶"的活动，鼓励人们关爱身边的人，给他们订购鲜奶送早餐。活动反馈依然非常好。

该品牌鲜奶一下子就变成了"网红"鲜奶，在大企业里迅速"破圈"了。

5.4.7　反向拓展渠道

在送早餐和员工在朋友圈卖鲜奶月卡的活动中，该团队有意识地把一些重点渠道的合作伙伴的员工，尤其是采购人员，添加到私域里。比如，叮咚买菜、罗森、7-11。

当在朋友圈经常看到该品牌与很多大企业都有合作，很多高管都在喝该品牌的鲜奶时，采购人员也会去喝该品牌的鲜奶，并且越来越认为这是非常好的产品，很畅销，于是会反向邀请该品牌入驻他们的平台。品牌只需要提供一定量的鲜奶作为赠品，就可以得到首页的推广位，然后再引导私域粉丝去该平台购买，就可以迅速在该平台上排到鲜奶销售量的前几名。

同样，一些便利店等渠道也主动邀请该品牌入驻，并且不收取额外的费用。该品牌与这些渠道做的是早餐日活动，提供半价 200mL 鲜奶，搭配上便利店原本就在做的早餐促销活动，引导私域粉丝到该便利店买早餐，成功给便利店带来几十个客户，让便利店非常惊喜。

5.4.8　计划布局：搭建 B 私域架构

该品牌私域里的很多粉丝都是妈妈。她们很喜欢该品牌的鲜奶，但由于最初该品牌鲜奶的销售渠道有限，只在盒马及盒马 App 上销售。因此，她们便邀请该团队去她们的小区做鲜奶月卡团购活动。

在收到粉丝的邀请后，该团队非常开心，但是小区的保安不让他们进入。于是，他们请妈妈们说服保安，结果真的有妈妈把小区保安说服了，该团队便如约去送奶，做鲜奶月卡团购活动，并把小区的很多妈妈加到私域里。很快，该品牌鲜奶就成了小区妈妈群的必选鲜奶。

可以进小区是"到家"场景的一大突破，给了该团队很大的信心。

于是，该团队开始在线下的 30 多家销售该品牌鲜奶的盒马店，派驻周末促销员。派驻促销员的目的是"加粉"，而不是销售。

在"加完粉"后，该团队就会比对客户的小区集中度。对于客户比较多的小区，该团队就去那个小区做活动，因为客户非常精准，所以转化率很高。

随着与私域客户的关系越来越好，该团队在和客户聊天的过程中发现，很多全职妈妈曾经在职场上都是相当出色的。她们现在虽然全职带孩子，但是也很渴望做一份副业，增加收入。

所以，该团队就计划实施"××鲜奶大使计划"，给妈妈们一份体面的工作，雇用这些妈妈做小区的大使，让她们与该品牌合作的第三方劳务公司签订正式劳动合同，按照底薪+提成的方式，由该品牌支付工资。该团队不仅不需要妈妈们做销售拓展，还可以把私域流量导给她们，由她们服务自己的小区及周边小区的客户。她们需要负责收集订单，收集反馈意见，并鼓励其他客户晒单，做口碑营销。然后，该团队负责运营新粉丝，向其销售鲜奶的月卡和年卡。

5.4.9　内部复盘的六点思考

（1）5 条朋友圈内容如何带来 264 家企业的 HR 报名？

这 5 个发朋友圈内容的公司同事都是 KOC，她们的朋友圈好友里都有精准的企业高管和 HR 的群体。

这些企业高管和 HR，基于对该品牌鲜奶、朋友的信任，又因为这是公益活动，所以 HR 参与的热情比较高。

同时，这个活动的公益性质也让这些企业高管和 HR 愿意进一步转发消息到朋友圈或者社群里，产生了多重裂变。

（2）企业员工在私域里的价值是怎样的？

企业私域的初始流量，其实不是客户，而是员工。尤其是对于规模较大的企业来说，每个员工都是公司重要的资产。

该品牌的大部分员工都来自名校，朋友圈的资源非常好。设计巧妙的活动，让员工把自己的社交资源贡献出来，是最精准的私域裂变。

在朋友圈做卖鲜奶月卡活动，关键不在于卖出多少张月卡，而是通过后台的数据，可以知道谁在朋友圈的影响力更大、他的好友是什么类型的。

（3）如何快速、低成本地获得私域的内容素材？

要加强私域粉丝的信任并提高转化率，内容是非常关键的。很多企业都对私域的内容生产感到头痛。

其实，做活动，尤其做线下活动，是获得内容素材最高效的方式。

做活动，参与人数多少不重要，重要的是要收集用于私域宣发的素材，营造品牌火热的气氛，不断制造和私域粉丝的触点，让粉丝慢慢地被触动、被转化。

该品牌连续 1 个月做去 100 家企业送奶的活动，每天都会收集到大量的优质素材，可以将其发布到私域。后来做的鲜奶秒杀、晒早餐、七夕活动等，都收集到了非常好的与客户互动的素材。

当品牌私域有了源源不断的素材时，品牌的私域也就更加有温度，对私域粉丝的感召力就更强了。

（4）从 0 到 1 的私域增长破局用了几步？

该品牌通过做私域 9 个月销售额超过 7000 万元，只用了三步，首先从公司的 5 个 KOC 到 100 个 HR，再从 100 个 HR 到 10 000 个白领粉丝，最后从 10 000 个白领粉丝到 10 万个粉丝。

在私域营销的过程中，该团队不断地测试各种私域营销拉新的路径，并把活动（比如福利日活动）固定下来，然后与各大销售平台合作。该品牌的整体活动链路和对应的各项收入与支出，在私域里已经经过测算和验证，当在公域平台放大的时候，就能在成本可控的情况下迅速规模化。

（5）产品线单一的品牌如何做私域？

产品线单一的品牌，一定要保证主要产品的价格是稳定的，同时再设计1~2 款受欢迎的引流品和关系品。引流品和关系品最好让人感觉价值高，成本不透明，而且是只送不卖的赠品。

对于牛奶、零食等高复购率的产品来说，品牌可以设计月卡、季卡、年卡等，降低多次获客成本，提高利润率。

（6）做私域，销售额是唯一的考核指标吗？

实际上，企业私域流量的终极来源依然是自己的品牌。当一个品牌在其所在领域内牢牢占据消费者心智时，也就占据了流量的终极入口。消费者在有需求时，会自动抛开一切去选择这个品牌。这才是具有最强黏性的私域流量。

在私域的销售过程中，除了销售额增长，私域营销带来的品牌美誉度和对用户心智的占领更加有价值。用营销裂变获取新客户，从而节省的巨额广告费用，是品牌的利润增量。

5.5　电视购物平台转型做私域，销售额两天达到670万元

在 2014 年之前，电视购物平台在完成客户订购这一环节的效率非常高。因为客户量非常大，所以某电视购物平台在成立之初不需要使用太多的运营手段，就能获得较高的收入。

但是从 2014 年开始，该电视购物平台明显感觉到客户的消费习惯变了，而且这种变化远比想象的要快得多。很多客户的注意力被互联网和各大其他电视购物平台带走了。另外，随着微信的普及，客户越来越不愿意接电话，电话接通率逐年下降。

因此，该电视购物平台一方面调整目前的业务运营思路，另一方面思考营销阵地的战略转型。

由于社区团购和微商都发展得如火如荼，该电视购物平台的管理层看到了微信生态业务的战略价值，意识到微信是战略性阵地。

于是，该电视购物平台从 2017 年开始探索做微信营销。

在刚开始时，该电视购物平台觉得转型做微信营销很容易，认为只要建几百个微信群，就能带来上亿元的新增业务。因此，该电视购物平台专门建立了一个社群运营团队，建了几百个微信群，结果却陷入停滞增长的僵局。

到了 2019 年年底，该电视购物平台的电话销售业务已经连续三年不增长，活跃会员数每年都在下降，并且活跃会员的平均年龄超过 60 岁。

2020 年，主管电话销售业务的副总裁亲自带队主抓做私域，并且从 4 月份开始邀请我们做战略咨询和进入企业带教。该电视购物平台之前用电话营销沉淀的活跃用户只有不到 10 万人。经过 5 个多月的咨询带教，2020 年下半年，该电视购物平台的会员迅速增加，沉淀到了 40 多万人。朋友圈互动率提高 5 倍，单品销售额从 200 万元/场提高到了 670 万元/场（1 场活动的时间为两天）!

5.5.1　转型做私域的起点：战略咨询

为什么该电视购物平台在过去两年多都无法成功转型，而在短短的半年里就实现了重大突破呢？

我们在与该电视购物平台合作前的沟通中发现，虽然转型做私域是该电视购物平台的一把手看重的项目，但核心高管对这个项目的价值，以及对于本部门在该项目中的价值和要如何参与并不清楚。

因此，我们在入驻企业之后，先花了一个月的时间做战略咨询前期调研，逐个访谈各部门负责人和金牌电话销售人员，并和管理层对增长目标做了战略共创。在这个过程中，我们发现了以下几个问题。

第一，在战略咨询前期调研的过程中，我们发现，各部门负责人对于私域到底是什么、怎么做、要解决什么问题并不清楚。因此，每个部门负责人都认为，做私域只是社群运营团队的事情，与他们无关。

第二，虽然各部门负责人都认为做私域是公司战略，但一旦涉及本部门的客户数据资产和增长指标，他们的参与热情就迅速下降了。

第三，此前，该电视购物平台对于私域项目的考核指标只有销售额，并没有过程性指标。相应地，该电视购物平台对私域团队的人力模型也不清晰，工资绩效等激励机制无法满足私域起盘需求。

第四，产品线过多，而且过于复杂，没有科学的私域产品体系，运营人员选品困难。

第五，该电视购物平台目前的组织架构（团队）是基于电话销售业务而设置的，不具备转型做私域所需要的内容能力、直播能力和选品能力。

以上的几个问题，不止在该电视购物平台存在，我们接触的大量传统企业，尤其是大型企业，在做私域的过程中，都存在这个问题。

经过一个月的调研，我们对该电视购物平台的电话销售业务转型做私域是非常乐观的。与其他的零售企业相比，该电视购物平台的电话销售事业部在多年的电话营销过程中，已经积累了非常好的服务流程和会员标签系统。

第一，在经营定位上已经从"经营货"变成了"经营人"。该电视购物平台的经营理念是，"为客户提供美丽、健康的生活方式"，其背后就是"成为能给客户带来美丽、健康的好伙伴"。能给客户带来美丽、健康的好伙伴，就是需要塑造的服务型私域 IP。

第二，已经搭建了数据化的客户生命周期管理体系。这其实有两点非常重要，一个是数据化，另一个是客户的生命周期管理。该电视购物平台很早就制定了从客户首次购买到多次购买的时间策略和品类策略，并且有强大的会员数据系统，标签系统非常完整。

第三，有全品类的产品，可以满足客户的终身消费需求。即使把客户的情感经营得很好，如果没有很好的产品规划，那么也很难持续变现。所以，从单一品类到交叉需求的满足非常重要。

第四，有稳定的客情关系。很多电话销售人员工作了 5 年，甚至 10 年以上。他们热爱自己的工作，已经为客户服务了多年，与客户的关系非常好。

第五，也是最关键的。在项目组进驻后，我非常确定，做私域已经成了该电视购物平台整体业务转型的战略级项目。因为主管电话销售业务的副总裁会亲自带队，克服一切困难，调度资源，全力支持项目落地。

转型做私域，对于该电视购物平台来说是真正的一把手工程。

5.5.2　做私域的起步：战略共创会

我们在第一个月花了足够的时间调研，与各部门负责人逐个沟通后，了解了他们的优势和顾虑，帮他们拆解了本部门的挑战和机会，并对团队的核心能力做了评估。

我们把大家共同的愿景设立为目标，并把每个部门过去几年的增长数据作为过程性参考指标，引导各事业部负责人自行制定本部门最重要的 3 项任务，以及整个电话销售事业部关键的 3 项任务。

我们把每个部门最重要的 3 项任务和整个电话销售事业部关键的 3 项任务合并后，制定了所有部门的共同目标。

在这个目标确定后，我们开始根据各部门提供的会员数据，拆解怎么做到 2020 年增加 1 亿元销售额的目标。

经过评估，我们认为该电视购物平台的活跃会员相对较少，并且年龄偏大，不适合做复杂的微信营销，新组建的社群运营团队无法完成增加 1 亿元销售额的目标。对于社群运营团队而言，销售额达到 2000 万元左右是合理的目标。

目前主营的电话销售业务如果采用打电话+微信 1 对 1 沟通的新营销模式，那么可以带来 11% 销售额的增长，就可以完成超过 8000 万元的销售额增长。

因此，我们很快就量化了各部门的指标，并且花了 2 个月帮助他们重新进行了流量获取、沉淀、运营的顶层链路设计，重新调整优化了组织架构和团队绩效考核指标。

战略共创会，是企业统一思想和目标的关键。只有思想和目标统一了，才会有行动上的统一。

5.5.3　私域规模化：基础运营 SOP

在战略共创会后，我们没有立刻大规模地推动私域转型，而是着手组建了由 6 个电话销售人员和 10 个社群运营人员组成的，共计 16 人的两支创新业务测试团队，开始测试私域运营 SOP 的十大关键步骤。

1. 确定 IP 的输出价值

因为电话销售人员每天都与客户打电话沟通，客户已经对这个电话销售人员相当熟悉了。因此，该电视购物平台的私域团队选择的是 IP 矩阵。每一个电话销售人员都用同一个 IP，都叫好物推荐官。

好物推荐官既要有专业能力给客户推荐好物，也要能为客户带去福利，还要能解决客户的一切售后服务问题。

同时，每个好物推荐官都需要有自己的特色，即需要打磨 IP。

我们经过两次 IP 打造工作坊，帮助每一个电话销售人员都找到了最合适自己的 IP 标签，并且辅导他们重新拍摄了微信头像，更新了朋友圈"4件套"（头像、签名、微信昵称、背景），极大地提高了他们的专业度，增加了客户对他们的信任。

比如，他们的一名金牌销售人员一年可以取得上千万元的电话销售业绩。她非常爱旅游，也爱买名牌产品，对吃有很高的要求。同时，她非常努力，每年都是销售冠军，客户非常喜欢她。她还有一个让客户非常喜欢的品质就是孝顺父母，她每年都会带父母去旅游。

于是，我们将她打造成高品质买手、美食达人和父母的"贴心小棉袄"，让她在朋友圈展示买的各种高端产品的时候，写上自己的推荐语，让她定期在"网红"美食餐厅打卡并写下评价，让她经常晒自己和父母的互动，引起客户共鸣。

此前，该金牌销售人员说三年都不愿意看自己的朋友圈。在过去的三年里，在业绩的压力下，她每天都要发 20 多条朋友圈广告，朋友圈的互动量很少。2019 年，在她过生日的时候，她收到 60 多次点赞和评论，这已经是最高互动量的朋友圈内容了。

自从打造了 IP，优化了朋友圈的内容后，她平时发的朋友圈内容都会有接近 60 次点赞。如果发做福利活动的朋友圈内容，那么会有 200 多次点赞互动。要知道，在她的朋友圈里，一共只有 300 多个客户，收到 200 多次点赞互动，说明她把朋友圈里的客户都激活了！

朋友圈活跃带来的业绩提高非常明显。比如，她的某一期的销售任务是卖巢蜜，她的指标是 52 件。在正常情况下，她要到接近晚上时才能完成销售任务。由于她提前在朋友圈"种草"并与客户沟通，在活动当天的第一个小时就完成了 40 件的订购量。一天的任务，只用半天就完成了。

"真的太不可思议了！"她不敢相信会有这么神奇的变化。从此以后，对于 IP 的打造，她更加用心了，与客户的关系也越来越亲密了。

2. 制定私域回访流程

在真私域里，销售结束才是服务的开始。售后的回访和跟踪服务，能把客户的终身消费价值无限增加。

他们此前也有回访的环节，但在客户订单多了后，容易出现机械化服务。他们就不像刚接触客户时重视细节，容易让客户产生无法得到持续用心服务的感受。另外，此前他们在回访时功利心比较重。在回访的过程中，他们急于再次推荐产品，容易让客户对回访的电话产生警惕心理。

我们在原回访流程的基础上，做了迭代优化，做了 1、3、10、21、28 天的回访流程。

在第 1 天，主要告知客户已购产品的物流信息，并叮嘱客户注意查收。

在第 3 天，产品一般已经被签收。这时的回访，首先要确认客户是否收到产品、产品是否少件和破损。如果有上述情形，好物推荐官就会在第一时间帮客户处理退换货流程。客户在微信上收到这样的服务信息，就会对好物推荐官产生信任。

之后，好物推荐官要告诉客户应该怎么使用产品。比如，对于客户购买一盒面膜后的回访，好物推荐官要告诉客户到底是应该在早上还是在晚上用面膜比较好、要用几分钟、能否和其他面膜一起用、在敷完面膜后应该用什么护肤品、多久敷一次等。这些产品的基本使用知识都有标准化的话术，但客户会觉得好物推荐官既专业，又细心，对好物推荐官的信任度进一步增加。

在告诉客户产品使用说明后，好物推荐官要再给客户一些保养建议，也给客户"种草"。这次回访就可以结束了。

在第 10 天，客户已经使用产品一周左右。这时，好物推荐官可以来收集客户的反馈信息了。如果客户觉得产品用起来很好，好物推荐官就可以邀请客户给他发一张照片，最好是带有使用场景的照片。如果产品是护肤品，那么最好请客户拍一张梳妆台的照片。从这张照片中，好物推荐官可以看到客户还用了什么产品、这些产品是不是合适她、她还缺什么产品。这样就非常容易展开互动话题。

如果客户反馈很好，那么好物推荐官可以进一步邀请客户把照片发到社群，引起其他客户互动，或者邀请客户参加晒单有奖励的活动。一方面，可以让客户有更深的参与度，也可以获得更多素材。另一方面，可以督促客户坚持使用产品。

如果客户反馈不好，那么好物推荐官一定要在第一时间道歉，并且承诺退换货。这样客户就不容易生气。好物推荐官在了解完具体情况后，要帮助客户处理售后问题。

在第 21 天，客户的产品一般已经使用了超过 1/3，有些产品已经快使用完了。这时，除了跟进使用体验，邀请客户晒照片，好物推荐官可以适度推荐相应的产品和活动。

第 28 天和第 21 天的服务流程是一样的。其中，特别要关注的是，客户在使用的过程中有哪些需求和困惑。好物推荐官需要提前确定好可以提供怎样的帮助。

3. 优化私域产品体系

该电视购物平台的产品线非常丰富，有 1 万多个 SKU（库存量单位）。由于没有专门的人来把控私域选品，并且对于大部分产品，社群运营人员都没有用过，因此没有办法做好推荐。

此前，在私域里，社群运营人员只敢推荐自己熟悉的，并且价格较低的产品，这导致私域的利润率一直偏低。

我们和产品企划团队一起精选了 40 个利润品，构建了私域的核心推荐产品体系。好物推荐官试用、PK 后，选出主推的产品，并按照客户的使用场景及客单价高低，排出了让客户先买什么，后买什么的产品销售逻辑。

食品、水果可以做引流品和用于老客户激活。在企业微信的朋友圈，好物推荐官每天都发一次低价（如 4.9 元、9.9 元）引流品，增加客户的活跃度，进而触发私聊。

有一个从 2015 年开始就"沉睡"（不订购）的客户，在添加为好物推荐官的企业微信好友之后，看到了她在朋友圈发的低价海苔，主动找她订购。

4. 制定 1 对 1 私聊的 SOP

对于电视购物平台而言，聊天是私域运营中最关键的环节。能不能与客户建立起信任关系，就从会不会聊天开始。

在面对新客户和沉睡客户时，为了培养好物推荐官不功利的心态，让他们把握好时机，我们要求他们在第一个月不能主动卖货。好物推荐官只能在朋友圈发一些低价好物和抢福利、红包的机会，在朋友圈激活客户，进而进行私聊。

比如，客户买了一个收纳袋，好物推荐官要教他如何使用，并告诉他如果持续使用，还可以为他申请额外福利。好物推荐官正好可以在聊天的过程中探寻客户的更多需求。

有一个好物推荐官得知客户怀孕了，就连夜给客户写了一个孕期注意事项的 PPT。在这样的一个细微举动下，客户与她就成了好朋友。

其实，私聊的内容有很多。比如，该电视购物平台所在的城市是一个非常好玩的城市，"网红"地标非常多，米粉是一大特色，那么好物推荐官就可以与客户聊一聊当地的特色和早餐是什么。这都可以与客户建立起很好的互动关系。

为了进一步解决聊天时尴尬的问题，我们共创了一个"108 招破冰武林秘籍"。

5. 狠抓专业培训、提高销售转化率

从私聊转变为销售，最关键的是挖掘客户的需求。

挖掘需求也是整个私聊过程中非常核心的一点。我们要挖掘客户的需求，要从单一需求挖掘到多个需求。

下面举一个好物推荐官的案例。"姐姐，你平时泡枸杞喝吗？"这其实就是在探寻客户对基本保养知识的了解情况。在客户回复后，好物推荐官就要对客户及时赞美："你的保养意识真强呀！"然后，好物推荐官可以说："正

好入秋了，女性朋友一般都会手脚凉，甚至男性也会这样，老中医告诉我们，要判断一个人的身体好不好，主要看手脚什么时候是暖的、什么时候是凉的。"好物推荐官要用自己的专业性去打动客户。

在挖掘到客户需求后，好物推荐官一定要给客户一些专业的建议，进而抓住一些机会来推荐产品。

在实际成交过程中，我们也会发现，好物推荐官把客户当成朋友，聊得很好，但是没有得到订单，因为他们不敢开口，或者好物推荐官与客户聊得很好，但是当推荐产品时，客户就回复得越来越少。另外，有些好物推荐官只会卖福利款产品，而不会卖利润款产品。

其实这都是因为对好物推荐官的培训做得不到位，包括客户需求产生的原因、系统的专业知识等，导致他们在与客户沟通的时候，不能通俗易懂地为客户进行专业指导，才出现了上述问题。

6. 私域"加粉"

私域粉丝数是私域增长的基础，也是规模化的前提。但私域"加粉"一定要在承接链路打磨好后做，这样才比较高效。因此，我们把私域"加粉"，放在第二个月做。

该电视购物平台还有一个需求，就是希望客户年轻化。目前客户的平均年龄超过 60 岁，该电视购物平台希望获得一些 50 岁左右的客户。

要想获得新客户，如果不采用外部的电视广告投放等方式，我们就需要利用老客户转介绍。老客户的资源都在公司的会员系统里，且 90% 以上的老会员都是沉睡客户。最终，我们采用了沉睡会员唤醒、老会员私域营销拉新、员工私域营销拉新三种方式。

（1）沉睡会员唤醒。

因为以前该电视购物平台的电话销售人员的 KPI 只有销售转化率，所以他们都不愿意给销售转化率不高的客户打电话，渐渐地，客户就"沉睡"了。

在设置了"加粉"的目标后，我们从系统里调取了年龄低于 55 岁的沉睡会员的数据，由新员工或者销售能力较弱的员工给他们打电话，将他们添加为企业微信好友。我们测试了几种让客户愿意添加企业微信好友的钩子品，后来发现，鸡蛋是"加粉率"最高的钩子品。同时，我们在快递盒里放了包裹卡，"加粉率"高达 60% 以上。

（2）老会员私域营销拉新。

在每个电话销售人员的微信里，比较活跃的都是老客户。以前，该电视购物平台的电话销售人员都不敢尝试裂变拉新，既担心客户体验不好，也担心自己的客户资源会流失到别的电话销售人员那里。因此，我们设计了老带新的私域裂变海报，每个客户只要邀请两个人添加好物推荐官为微信好友，就可以获得一份精美礼物。

在刚开始的时候，"加粉"和领取礼物的流程非常复杂。每个电话销售人员都要花很长时间解释活动规则。另外，因为活动时间比较短，老人的反应没有那么快，当他想参加活动时，活动已经结束了，从而导致很多客户抱怨。

经过几次迭代，我们优化了活动流程和服务流程，老客户转介绍的效率及客户质量都更高了。有一次，我们在老客户中做了一场裂变活动，两天就增加了 5000 个新客户，所有人都特别有成就感。

（3）全体员工私域营销拉新。

该电视购物平台有 300 多名员工，他们的亲友都很信赖公司，且亲友们都比较年轻。因此，我们针对公司的员工亲友，专门设计了一个全员"加粉"活动。

员工们纷纷邀请亲友来参加这个活动。员工的亲友又再次帮忙把这个活动发到朋友圈和社群，进一步扩大活动的影响力，从而带来了大量的年轻会员。

当全员"加粉"活动做了不到一个月时，该电视购物平台的活跃粉丝就从不到 10 万人变成了 40 多万人，且有大量 50 岁左右的客户加入私域。

7. 优化私域承接链路

之前，在运营过程中存在的一个最大的问题就是，"加粉"后没有员工与客户沟通。这导致脱粉率达到了 28%。我们发现了这个问题，帮助他们设计了"加粉"后的自动话术和承接的 SOP。

这样，只要一"加粉"，就立刻有好物推荐官跟进私聊。现在的脱粉率只有 3%～4%，客户订购量也增加了 100%。

在客户添加好物推荐官为企业微信好友后，好物推荐官要为客户介绍清楚该电视购物平台是做什么的、能为客户带来什么，要分享群福利活动，并结合客户的实际情况送关怀。

在客户订购了引流款产品，并持续订购福利款产品后，好物推荐官才会给他进一步推荐养生保健的产品。

8. 建立内容团队

我们要建立内容团队，有序地"种草"，深挖内容，直击客户痛点，增强老客户对产品的信心，拉近与低频消费客户的距离。

该电视购物平台的电话销售事业部原来是没有内容团队的，只有销售策划团队。因此，在转型做私域后，内容的生产能力存在很大问题。

我们一方面通过朋友圈训练营帮助该电视购物平台挖掘内容人才，另一方面和该电视购物平台一起招聘了两个专职的内容人员，尤其是公众号运营负责人。这样，内容（尤其是"种草型"文案）的生产质量显著提高了。

"种草"要有计划。我们要先自用，再分享。生活场景中的真实体验分享是最吸引人的，非常有利于促进销售转化。

在好物推荐官第一天分享时，客户可能没有反应。但是当好物推荐官在第二天、第三天持续分享时，客户的兴趣可能就被激发了。到了第四天，如果好物推荐官还坚持分享，客户的好奇心就会被调动。

慢慢地，越来越多的客户在朋友圈被激活了，开始主动联系好物推荐官。

9. 共创社群活动和日常运营 SOP

此前，该电视购物平台的社群运营完全没有 SOP，全靠社群运营人员自己摸索。因此，运营效率特别低。

后来，我们在新员工中发现了两个"95 后"。他们加入公司 3 个月左右，在私域营销中月销售额就达到了 10 万元。我们仔细复盘了他们的运营经验，发现老客户对直播的排班表情有独钟。

老客户看电视购物多年，已经很习惯根据直播的排班表来了解产品了。因此，我们把直播的排班表做成超市传单的形式，并将其做成电子版，当有新品及特价产品推荐时，就通过企业微信将排班表发给客户，再建好物快闪群，邀请客户入群抢购。只要有了固定的栏目和话题，社群的运营就容易实现标准化，从而建立 SOP。

同时，我们共创了每月三天的宠粉节活动。

我们每月固定做三天的宠粉节活动，每月固定打造一个节日，目的是把低价好物更有效率地推荐给客户，从而增加销量，同时培养客户在小程序商城里下单的习惯。

比如，在三天的宠粉节里建好物快闪群推荐保健品。我们以客户感兴趣的养生话题建群，在群内引导相关话题讨论，提供保健品让客户免费试用，并邀请试用者分享试用体会。同时，我们还邀请了当地著名的中医专家在群内做直播，大大地提高了客户的信任度和转化率。

经过两个月的社群运营，我们共创了一个社群活动和日常运营 SOP，社群运营效率提高了 100%。

10. 玩法升级，在超级单品日销售额涨了两倍多

在过去的几年里，该电视购物平台已经做出了一款枸杞汁的"爆品"。

以前，这款产品两天的销售额是 200 万元。现在按照私域流量运营的逻辑来运营，两天的销售额达到 670 万元，涨了两倍多。这是怎么做到的呢？

我们抓住了两个核心点，一个是老客户的复购，另一个是新客户的拉新，而这两者都需要内容。

所以，我们和该电视购物平台的团队重点梳理了能打动客户的内容和客户的痛点。为了确保内容的真实性，他们还做了产品溯源，派了 10 个员工提前去厂家的生产基地拍摄从枸杞种植到枸杞汁生产加工的全过程。

在有了好的素材后，采用的宣发策略是让上述员工以故事化、系列化的方式呈现自己看到的从枸杞种植到枸杞汁生产加工的全过程。

他们还对新客户和老客户进行差异化运营。

对于低黏性客户和从来没有订购过枸杞汁的客户，他们与其进行一对一互动，持续挖掘其更多的需求。这帮助他们积累了大量的目标客户，把盘子做大，为以后利润款产品的销售做了铺垫。

对于已经订购过枸杞汁的老客户，他们通过优质的内容"种草"和教育，持续增加其使用的信心。很多老客户除了自己坚持使用，还主动分享给身边的人。

在单品日活动开始前，他们邀请客户入群参加三天的宠粉节活动，并在朋友圈和通过私聊对客户进行深度"种草"。

他们在单品日集中做销售转化，销售额一下子涨了两倍多！

5.5.4　内部复盘的五点思考

（1）该电视购物平台之前做了两年多私域都不能成功，为什么能在

2020 年半年内取得突破性进展？

该电视购物平台之所以能在短短半年内就取得突破性进展，最关键的因素是，整个项目从始至终都由一把手亲自带队。

在经过了多年不断尝试后，该电视购物平台不但没有放弃，反而更加坚定了把做私域作为战略来对待。这就是一把手的魄力。

在项目推进过程中，来自各方的压力很多，这位一把手顶住了各方的压力，克服了低谷期的犹豫，并坚持做好"养粉期"的客户信任培养，坚持不做短期的"收割"。现在，该电视购物平台的私域规模每个月都在飞速增长。

我们专注于做私域赋能，并帮助过几十个品牌做私域。我们认为，把私域真的建立起来要做到以下几点。

第一，需要有远见和魄力的领导者。

第二，需要有专业的团队指导，以便少走弯路。我们非常感谢该电视购物平台对我们的信任，对我们让其做的事情都坚决做，哪怕心里有疑惑，也是先做了再复盘。这样才能在短短半年内取得突破性进展。

第三，管理层需要做战略共创。大企业做私域最难的就是达成组织共识。对于公司的战略性创新，每个部门都应该有自己的 KPI，而不能认为做私域只是某个部门的事情。尤其是创新会涉及利益关系的重新调整，往往会受到来自各部门的阻力，而无法推进。

第四，组织架构和绩效考核需要同步调整。做私域需要的组织能力和做公域是完全不同的，对不同阶段的私域运营需要考核的过程性指标也不同。如果不能调整组织架构，最后的运营结果就很难保证。

（2）该电视购物平台私域粉丝的增长来源是哪里？

该电视购物平台曾试图投放信息流广告获取粉丝，但成本特别高，而且新粉丝的信任度低。该电视购物平台的会员池里有近千万个曾经订购的会员，这是最宝贵的客户来源。同时，该电视购物平台的 300 多名员工的亲友，也是非常珍贵的客户来源。

品牌往往寄希望于投放流量拉新，但挽留和激活一个老客户带来的价值是新客户价值的 6 倍。与拉新相比，只有做好老客户的服务和裂变，才能更高效率地获得新客户。

（3）为什么"加粉"要在一个月以后做？

"加粉"本身是有成本的，如果"加粉"后不能很好地承接，就会导致粉丝流失。这就太可惜了。

因此，我们需要在第一个月甚至第二个月先把产品体系、承接服务流程打磨好，降低脱粉率，提高给客户打标签、私聊和回访的能力，再进行集中的"加粉"，效率会更高。

很多品牌在没有打磨好承接和运营链路的情况下，就开始"加粉"。虽然粉丝量增加了，也有一定的转化率，但是持续运营容易陷入困境。

（4）为什么电话销售人员做私域一定要打造个人 IP？

电话销售人员平时与客户接触以打电话为主，以声音为媒，因为急于出单，往往以销售为主，没有很多时间让客户更了解自己。

通过打造让客户喜欢的个人 IP，电话销售人员可以迅速拉近与客户的距离，增加客户的信任。这样，在做销售转化时，电话销售人员使用微信 1 对

1 沟通+打电话的方式，效率就会明显提高。

（5）为什么客户回访很重要？

客户的使用体验，以及对品牌的印象，是客户复购的关键。如果在客户购买后，电话销售人员能够及时回访，不但可以在第一时间得到客户的反馈信息，而且能和客户建立多个触点，不断和客户互动，增加客户的信任。

切忌回访完全以销售为目的，功利性太强，这会让客户远离你。销售完成后，才是服务的开始。而服务的开始，就是回访的开始。

5.6　200个B带来20亿元销售额

分销型 B 私域只适合低客单价且高频消费的品类吗？

不是！下面剖析一个高客单价且低频消费的真实案例。一家著名的新能源汽车品牌"未名"的分销型 B 私域做得非常出色，靠 200 个 B（从 C 转化而来）获得了 20 亿元销售额。

我们先简单回顾一下分销型 B 私域的顶层架构。

五种角色：半熟人、体验者、C、小 B、大 B（详见 3.2 节）。

三大业务：分好钱、培训好、造好势（详见 3.3 节~3.5 节）。

下面来看未名汽车的分销型 B 私域架构，如图 5-5 所示。

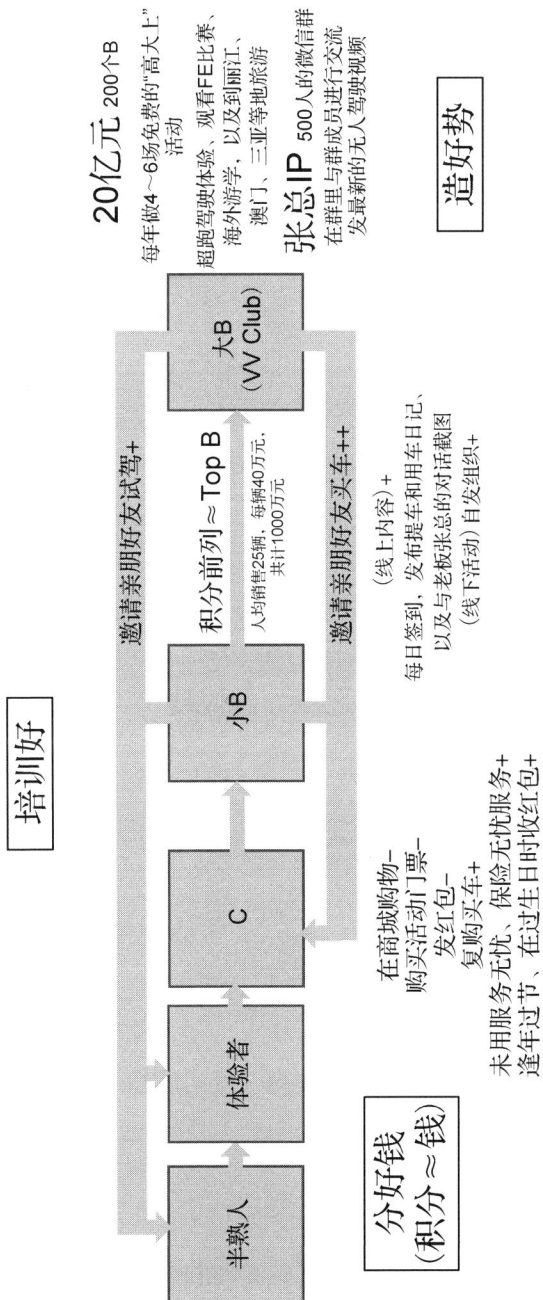

半熟人　体验者　C　小B　Top B　大B (VV Club)

分好钱
(积分≈钱)

培训好

邀请亲朋好友试驾+

积分前列≈Top B
人均销售25辆, 每辆40万元,
共计1000万元

邀请亲朋好友买车++

造好势

20亿元 200个B
每年做4～6场免费的"高大上"活动

超跑驾驶体验、观看FE比赛、海外游学、以及到丽江、澳门、三亚等地旅游

张总IP 500人的微信群
在群里与群成员进行交流
发最新的无人驾驶视频

(线上内容) +
每日签到, 发布提车和用车日记,
以及与老板张总的对话截图
(线下活动) 自发组织+

在商城购购物-
购买活动门票-
发红包-
复购买车+
未用服务无忧, 保险无忧服务+
逢年过节, 在过生日时收红包+

图 5-5

5.6.1　做好 C 私域是做 B 私域的基础前提

做分销型 B 私域的前提一定是产品的可零售性好，这是根本。也就是说，做分销型 B 私域的前提一定是直营型 C 私域做得还不错，而不能直接做分销型 B 私域。

未名汽车因为要维护好角色 C（即客户），所以需要提供更多增值服务（例如，服务无忧、保险无忧等）、会员福利（例如，逢年过节和在客户生日时给客户送礼物或红包等）、汽车周边产品，并举办线上和线下的各种精彩活动等。

5.6.2　B 私域的核心业务之一：分好钱

未名积分就是在未名汽车的私域中流通的钱。几乎所有的分销型 B 私域为了更合理合规，都选择用积分替代钱。

C 会在 5.6.1 节中提到的各种事项中花积分(钱)或者赚积分(钱)。在图 5-5 中，花积分(钱)或者赚积分(钱)分别用 "–""+" 来标识。

未名汽车要充分利用未名积分做好激励，让 C 愿意成为 B，让小 B 愿意成为大 B，即"分好钱"。

5.6.3　B 私域的核心业务之二：培训好

未名汽车核心的大 B，也就是标题中提到的 200 个 B，让未名汽车获得了 20 亿元销售额。这些大 B 都会加入未名汽车的 VV Club（未名汽车最高端的社交圈）。

如何激励 B，让其做好裂变？未名汽车需要做好培训，引导 B 做好两件事：①邀请其亲朋好友试驾，也就是要发展出更多的半熟人和体验者，打开市场。②邀请其亲朋好友买车，也就是直接发展出 C。

因此，未名汽车成功地靠 B 裂变出分销型 B 私域架构中的前三个角色，分别是半熟人、体验者和 C。

在图 5-5 中，箭头都代表培训业务，培训业务以官方一对多的群培训形式为主。对于重点的 B，官方还需要额外提供多对一小群和私聊的培训形式。

其中，最关键的培训内容是，要让 C 愿意成为 B，以及教会小 B 如何努力才能成为大 B。这部分的方法论和实战干货详见 3.4 节。

补充说明：未名汽车的小 B 要想升级为大 B，平均需要销售 25 辆车。按照每辆未名汽车 40 万元计算，销售额需要 1000 万元。小 B 既可以通过分销完成销售 25 辆车的任务，也可以靠自购 1000 万元汽车升级为大 B。

5.6.4　B 私域的核心业务之三：造好势

为了帮助 B 和未名汽车自己的销售员不断增加业绩，就需要"造好势"。官方造势主要分为以下两种，如图 5-5 所示。

（1）线下活动的官方造势。大 B 都会被邀请加入 VV Club。VV Club 每年做 4~6 场免费的"高大上"活动，包括但不限于超跑驾驶体验、观看

FE 比赛、海外游学，以及到丽江、澳门、三亚等地旅游。目前，未名汽车的 VV Club 有 200 人，按照 1000 万元/人计算，销售额正好就是 20 亿元。

（2）打造老板 IP 的官方造势。未名汽车通过打造老板张总的个人 IP 进行造势。张总有一个 500 人的微信群（含 VV Club 里的 200 人），会不定期在群里与群成员进行交流，发红包，并发一些最新的未名汽车的无人驾驶视频等。

造势仅靠官方是远远不够的，未名汽车还需要通过未名积分去激发 B 自主造势。自主造势主要分为以下两种。

（1）线上内容的自主造势。在未名社区里，B 要每日签到，发布提车和用车日记，以及与老板张总的对话截图等。分销型 B 私域中的大部分线上内容都是 B 提供的，而非官方提供的，这与直营型 C 私域中的内容以官方提供为主有很大的区别。

（2）线下活动的自主造势。B 要自发组织各类线下活动。这与微商有很大的区别，微商举办线下活动，几乎都以召开大会为主，其目的是现场收钱。分销型 B 私域（主要指从下往上模式的 B 私域，详见 3.2.2 节）组织线下活动的目的仅是造势而不是收钱，两者有着本质的区别。

5.6.5 内部复盘的思考

对于直营型 C 私域来说，当 C 吐槽、抱怨，甚至投诉时，都是品牌的危急时刻，品牌需要快速处理。

对于分销型 B 私域来说，在遇到这个问题时，私域中的 B，特别是大 B，往往会主动地站出来为品牌说好话，其响应速度和专业程度甚至超过品牌。这就是业界认为未名汽车不需要公关部和媒体部的原因。因为市面上一有未名汽车的负面消息，很多 B 就会第一时间出来发声，为未名汽车解决公关危机，这在直营型 C 私域中是很难想象的，但是从 B 私域的角度思考就很容易理解了，因为 B 和品牌是利益共同体。

当然，高客单价不一定意味着低频消费。比如，一些医疗类和大健康类的产品或服务的客单价高，但其是高频消费的，至少每年都需要消费。奢侈品行业往往也有此特点。

无论客单价高低、消费频率高低，若理解透了，其实都适合做分销型 B 私域。

5.7　保险业结合私域，3个月的年化规模保费超过5亿元

保险业是现代金融体系的重要支柱。如今，面向高净值人群的保险市场竞争日趋激烈，传统保险销售模式的成本越来越高，效率低下。在人们把大量时间用在手机上尤其是微信上的今天，基于场景化的私域模式是最适合保险销售的模式。

5.7.1　保险业结合私域

因为保险业面向的人群是高客单价、高净值人群，所以保险业被公认为私域运营的首选行业。

"保险业结合私域"如何落地呢？

无论是保险公司，还是专业的私域代运营公司，目前几乎都做的是直营型 C 私域。很多保险公司在没有接触私域之前，仅靠业务需求和自己的理解，发动公司的员工手动添加客户为微信好友，可能已经添加了几十万个微信好友，然后通过建微信群或朋友圈运营转化客户并出单。它们可能没有意识到，其实这就是私域。专业的私域代运营公司几乎也是这么做的，只是更会利用一些专业的工具和跨界的私域经验，投入产出比保险公司自己做要好一些而已。因为大家做的私域本质上完全一样，都是直营型 C 私域。

直营型 C 私域的核心是三个环节（三种角色定位），分别是"订单/顾客""微信好友""VIP 会员"，详见第 2 章。下面以保险业为例来做简单分析。

"订单/顾客"：本环节的核心是提高好友添加率。目前，保险业的销售模式已经从传统的呼叫中心模式逐渐转变成"先给客户打电话，再加客户为企业微信好友"的模式，靠私域为电话销售节约人力成本，甚至引入 AI 语音电话，核心目的就是提高好友添加率。

"微信好友"：本环节的核心是提高续保率。保险产品（比如车辆保险）的续保率本身就很高。因为保险公司的员工添加了客户为微信好友，通过日常运维（包括定期关怀、生日提醒、权益提醒等），更容易保持客户的黏性，所以可以再提高续保率。假设客户的续保率只从 72% 提高到 80%，这 8% 的续保率也会给超大型金融机构带来巨大的收益。

"VIP 会员"：本环节的核心是提高增长率。金融产品具有特殊性，不同于消费类产品，用户画像和标签相对来说比较丰富。保险公司容易将客户分为宝妈、车主、单身、老人等精准的细分人群，且还能将客户按消费力进行分层，为其提供差异化的私域 VIP 服务，通过 VIP 会员的保费升单，获得保费整体增长。

综上所述，无论是保险公司，还是专业的私域代运营公司，在"保险业结合私域"上都不约而同地选择了直营型 C 私域的打法。这样做的核心目的就是提高好友添加率、续保率、增长率。

如果你希望用此打法，那么请研读本书的相关内容，你会学习到完整的方法论，借鉴到更好的经验，从而科学、有效地提高上述各项指标。

5.7.2　保险业的颠覆式创新

5.7.1 节提到的直营型 C 私域适合所有保险公司，但其业务发展的"天花板"明显，并且随着业绩提高，员工规模需要不断扩大。

其实，保险业天然具有分销属性，保险代理人就是很典型的 B。所以，真正实现保险业创新和打破业务发展"天花板"的一定是分销型 B 私域。

保险业结合分销型 B 私域在以下五个方面做了创新（请先研读第 3 章）。

（1）在裂变方面创新。传统保险业主要靠线下裂变，裂变速度远不及线上，而且直营型 C 私域受限于员工规模。保险业如果结合分销型 B 私域，打造"空军部队"，基于熟人及半熟人之间的微信传播，那么裂变速度一定会大幅提高。

（2）在培训方面创新。传统的保险销售需要在线下培训，受限于物理空间，即使同时做 100 场培训，每场有 100 人参加，也才培训了 1 万人。如果我们做分销型 B 私域，那么可以在线上同时培训几百万人，这个效率是传统培训完全做不到的。分销型 B 私域的核心业务之一是培训好，善于打造完整的线上培训体系和赋能体系，而这恰恰是擅长线下培训的保险业的短板但又是保险业急需的。

（3）在费用方面创新。目前，互联网保险的销售逻辑，主要是靠高额的广告投放增加曝光度，从而获客，且获得的还都是陌生人，转化率相对来说并不高。我们认为，保险销售最适合的应该是"裂变逻辑+半熟人社交"，所以分销型 B 私域（没有陌生人，至少是半熟人）更适合销售保险，甚至不需要进行广告投放，而转化率还会高得多。

（4）在规模方面创新。保险业的增长目前主要基于保险代理人，所以每家保险公司每年都需要培养大量的新人，但培训后，并不是每个人都合格的，有些人是不合格的。在既有体系里，这群"有意愿从事保险销售的人"往往就直接被保险公司忽略了，其实保险公司完全可以靠分销型 B 私域把"这些人及其社交半径范围内影响的人"在线上组织起来。这个人群会带来巨大的蓝海。

（5）在副业方面创新。几乎所有人都适合把销售保险作为副业，这是一个在无须放弃主业的前提下，也无须多少投入，就能做的体面的、轻松的工作。很多白领和高知买过保险产品。与卖其他产品相比，他们更容易接受这个需要更高知识含量才能完成的销售工作，并且他们既有足够的购买力，又未被消费品类的私域过多影响。这个人群也会带来巨大的蓝海。

2019 年，我曾与多家保险公司的高层探讨过该模式，期间拜访了王宪章先生（他于 1969 年开始在保险业工作，曾任中国人寿保险股份有限公司党委书记、总经理），与他深度交流过三次，得到了他的大力支持。他对这个模式的看法和评价是保险业的颠覆式创新。

5.7.3　创新落地：3 个月的年化规模保费超过 5 亿元

在清楚了如何对保险业进行颠覆式创新后，下一步就是实践。

2019 年年底，某著名上市金融公司正式开始起盘保险业结合分销型 B 私域（简称社交保险模式）。该公司公布的官方数据显示，社交保险模式上线并运营仅 3 个月，其年化规模保费就超过了 5 亿元。

据我们了解，这是保险业首次真正全面践行该颠覆式创新：在线上整合保险产品和营销服务，为客户提供健康家庭保障方案，同时，靠社交方式裂变，发展平台经纪人，并在线对其赋能，让其推荐更多经纪人或他人购买保险产品，从而获得介绍费或佣金。

下面从分销型 B 私域的三大核心业务（分好钱、培训好、造好势）来看社交保险模式。"分好钱"相当于保险公司的《基本法》；"培训好"相当于线上版的保险公司培训体系；在"造好势"（特别是线上部分）方面，与消费品行业相比，很多保险公司都缺乏碎片化且适合在社交半径范围内传播的优质内容。

重点提一下，该公司系统性地沉淀出了有高创新价值的社交保险模式的线上培训体系，其中有特色的内容之一就是培训买过保险的 C，让其愿意成为平台经纪人（包含独立个人保险代理人和保险代理人），即让 C 转变成 B。下面列举一些培训片段供你参考。

（培训师在线上社群内开讲）

保险业的营销模式主要分为三个发展阶段：①1.0 阶段，即传统的线下保险展业模式。②2.0 阶段，即线上的互联网保险平台模式；③3.0 阶段，即我们正在做的社交保险模式，该模式开拓了保险的新时代。

在传统的线下保险展业模式中，销售方式以线下面对面销售为主。随着互联网时代的发展，保险公司的官网或互联网保险平台像电商一样，陈列各种保险产品，然后打广告吸引客户浏览，从而实现销售转化。目前，这种模式已经不能满足新时代对保险的要求，因此我们开拓了社交保险模式。

社交保险模式创新性地结合了保险业和分销型 B 私域，打造了人与人之间新的连接场景，建立起 C 和 B 的双循环全新商业模式，站在保险业的新"风口"。

我们没有强制考勤。同时，我们提供了两大服务系统，即保险产品库和展业工具，方便你以更简单、更便捷的服务，为客户提供优质的家庭保障解决方案。

我们还打造了全新的五大中央系统（线上营销、保险爆款、专属培训、中央客服和智能技术），集中赋能线上社交保险从业者，让他们可以获得一份非常不错的佣金，让销售保险成为他们的副业或事业的最佳选择。

（1）线上营销。我们采用低门槛的拉新方式，利用分销型 B 私域，实现了 C 转变为 B 的循环裂变，并提供专属的营销导师在线辅导，帮助你实现拉新、留存、促活、成交、复购和裂变的用户全周期营销。

（2）保险爆款。我们有丰富的保险产品线，专注所有的家庭保障，全面覆盖了重大疾病险、医疗险、意外保险、寿险等多个险种，还有独家的"爆款"产品（比如，综合意外险等）。

（3）专属培训。我们会深入浅出地做全方位的线上培训，在保险知识、拉新讲解、销售技能、团队管理等各个方面展开进阶式培训，不断提升你的专业能力，从而帮助你更好地拓展业务、服务客户。

（4）中央客服。我们打造了微信和电话的"双轨"客服在线系统，制定了 7 天×24 小时响应机制，线上留言回复率为 100%。重要的是，该客服团队能解决售前、售中、售后、理赔等客户关心的所有问题。

（5）智能技术。我们通过 AI 研发，基于用户的行为路径，第一时间帮你挖掘在你触达的所有用户中最大概率成为客户的潜在客户，大幅提高你的成交效率。

五大中央系统为你赋能，"保险之星"就是你！

5.7.4　内部复盘的思考

上述社交保险模式高开低走（后来由于集团业务方向整体调整，业务先暂停），我们做过深度的复盘，最直观的感受是，社交保险模式的成功一定要建立在保险公司管理团队和私域团队深度共创与快速迭代的基础上，只有这样才能真正实现创新模式的落地和持续发展。

不止保险业可以结合私域实现创新，基金业理论上同样可行。

目前，已有几家保险公司和保险经纪公司正在和我们洽谈其保险结合私域，基于我们之前的经验和沉淀，也许在不久的将来，大家在保险业会看到一匹真正的黑马，为我国的保险创新，甚至金融创新贡献成功的实践经验。

第 6 章

做私域的挑战和关键

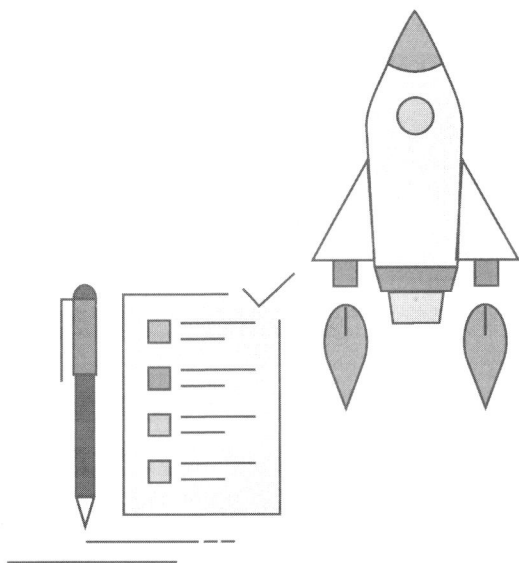

6

6.1　做私域的五大挑战

对于一个品牌和企业，尤其是大型企业而言，转型做私域的挑战主要在以下几个方面。

挑战 1：最重要的是私域的顶层架构问题，即做私域到底想解决什么商业问题。要解决的问题不同，私域的架构方式完全不同。

如果没有想清楚这些关键问题，盲目建群，那么结果很可能是不尽如人意的。特别是主框架的选择，以 C 私域为主和以 B 私域为主会产生截然不同的结果，所以务必要在开始做私域前就想清楚。

对于个体创业者来说，以上的问题会更加聚焦于某些方面，即他的私域有哪些、可以从哪里获得新增的流量、哪个环节是最关键的、如何变现、需要投入多少。

做私域是商业模式重构的过程，而不只是一个执行手段。

挑战2：人才和团队。做私域的人才难找，这是企业面对的共同挑战。其实，私域项目负责人最好在企业内部。你一定要找到非常了解、热爱品牌，并且能调度企业资源的人来做私域项目负责人。你要让这个负责人来操盘。在具体运营上，很多大型国企或外企的招聘名额有限，就需要找靠谱的团队来合作。

挑战3：产品体系的设计。很多品牌做不好私域，是因为直接把公域的产品线搬来私域，或者产品过于单一。如果产品过于单一，价格体系的稳定性就不能保证。私域用户并不一定需要在私域里买到更便宜的东西，但底线是不希望在私域里买东西比在公域里买东西贵。

所以，在做私域的时候，要重新设计产品体系，尽量打造不少于引流品、成交爆品、利润品、关系品的四类产品。产品体系越丰富，客户的生命周期越长，单客价越高。

挑战4：服务思维的打造，即服务体系的建立。在公域的逻辑里，交易的完成就是和客户关系的终止。而在私域的逻辑里，交易的完成是服务的开始。在交易完成后，一系列服务回访标准化流程的建立将有以下几个作用：①为品牌不断提高客户的单客价（长期价值）。②通过对VIP会员、KOC的挖掘，为品牌带来更精准、成本更低的新客户。③对B的挖掘和赋能，可以为品牌带来高速的发展，快速铺建"地网"（线下直营店和加盟店）。

挑战5：内容能力。做私域的核心是，通过内容和服务，不断给客户"种草"，并且增进和客户的信任关系。客户和冷冰冰的品牌建立强黏性关系很难。打造IP是做私域内容的起点。在做私域的时候，有真人IP的私域和没有真人IP的私域，效率相差近一倍。一个好的真人IP可以给品牌带来至少3倍的增长。

私域活动，也是非常好的私域内容。比如，某鲜奶品牌通过给 100 家企业送早餐活动，积累了大量的内容素材，不断提高私域粉丝的信任度，为后来的高效裂变和转化打好了基础。会员服务体系、客户回访机制，也是非常好的私域内容，都有助于加深客户对你的信任。

另外，你还面临着数据安全挑战。数据安全是什么意思？一方面，客户的信息是不能随便泄露的，另一方面，更重要的是，微信个人号有非常大的被封号的风险。

设想一下，假设你的一个微信号每个月可以产生 5~10 万元的销售额，一个微信号就相当于一家实体店。运营得很好的微信号，甚至相当于 10 家实体店。如果你被封了十几个微信号，可能就会损失几百万元，甚至几千万元。

所以，客户的数据留存和保护客户的数据安全，一定是私域里最重要的风险防控事情。随着企业微信的升级和更新迭代，私域运营有了非常好的抓手。虽然企业微信在功能上还有一些进步的空间，但现在已经是品牌做私域的最佳工具了。建议所有品牌从现在开始，一定要学习和用好企业微信。

6.2　团队的关键角色

第一，在团队组建的过程中，特别重要的是项目负责人。项目负责人不等于私域操盘手。项目负责人要能够调动企业的内部资源，要是某一个部门的负责人，或者企业的创始人和联合创始人。因为只有他们最知道公司的资源在哪里、怎么调度。私域的起点是流量，所以这个项目负责人就需要直接负责"加粉"。

第二，内容生产人员和活动运营人员。在内容里，IP 最重要。做纯品牌的原创内容非常有挑战性，且它不吸引人。基于 IP 的内容，不但丰富，而且可以直接带动产品销售。

与内容生产同等重要的是活动运营。无论是线上的点赞、评论，还是线下的市场活动，和粉丝一起做活动都是非常重要的。每做一次活动，粉丝与品牌的关系就会更近一步。

比如，奶糖派的联合创始人花了一年时间，去了 30 多个城市，给粉丝做胸型诊断，并提供穿搭建议。一年下来，她不但积累了丰富的内容素材，更重要的是，积累了 5000 个 VIP 会员。这 5000 个 VIP 会员，不停地为奶糖派介绍新客户，给奶糖派带来了 1.4 亿元的销售额。

第三，微信销售人员。微信销售人员需要随着业务快速成长。传统的电话销售人员其实就很适合做微信销售，因为电话销售人员平时花很多时间和客户深度沟通，对客户更了解，客情关系更好，但电话销售人员做微信销售会面临以下四个挑战。

（1）电话销售人员可能过于关注成交，在微信端与客户沟通时如果短期内不能成交，那么往往会不自信。

（2）电话销售的产品体系往往不适合直接做私域。电话销售人员靠的是单次销售转化能力，看重的是客单价。而做私域，看重的是客户的单客价，即客户生命周期内价值的开发，需要循序渐进。

（3）电话销售人员使用的是语音，往往容易通过夸大宣传来转化客户。微信销售人员由于是在私域里销售的，需要与客户持续沟通、给客户"种草"和教育客户，因此需要对客户的需求更加了解，要对产品相关的知识更专业，这样才能打动客户。

（4）前三点对做 C 私域和做 B 私域都适用，但对于做 B 私域，电话销售人员还需要转换成交逻辑，传统意义上与 C 成交，卖产品或服务，卖的是"花钱"逻辑，但与 B 成交，本质是卖做副业的机会、创业机会，从某种意义上来说卖的是"赚钱"逻辑。

第四，对于做 B 私域来说，除了上述三个关键角色，还有一个关键角色是培训师，因为 B 都需要品牌不断地培训和赋能才能裂变，从而实现销售业绩高速增长。

其他岗位（比如，社群运营的团队）的招聘并不太难。

6.3 私域项目的起盘周期

一般来说，私域项目的起盘周期为 3~6 个月。哪怕是成熟团队，也需要 2~3 个月。

第一个月是启动准备期，前期的调研和共创必不可少。这段时间的主要工作是从整体上梳理组织和流程，包括组织架构、产品体系、售后回访和客户服务流程、客户洞察标准、IP 打磨等。对于做 B 私域，你还需要搭建培训体系，制定分润政策，准备招商说明会（或事业说明会）等。

在第二个月和第三个月，你要测试朋友圈内容、社群运营方法、活动营销方案、裂变 SOP 等是否合适。对于做 B 私域，你还需要测试 C 转化为 B

的转化率或直接招募大 B 的成功率，验证分润机制是否合理并检查培训体系是否完善。

在前三个月，你可以开始小规模运营私域，比如三五个人的团队运营 10 000 个粉丝，在制定完初步的 SOP 后，再扩大私域运营团队。

在第四个月到第六个月，私域才会有实质性的突破。

在第七个月到第九个月，如果按照标准流程操作，那么你已经可以看到私域有明显成效了，这时可以开始规模化增加私域粉丝数量了，同时进一步扩大私域运营团队。

但是很多品牌在前 3 个月就放弃了。做私域，需要有耐心。在前六个月打磨得越扎实，私域规模扩大得就越快。

6.4 电商品牌做私域的挑战

一二类电商品牌做私域会面临以下四大挑战。

第一，虽然一二类电商品牌都在线上运营粉丝，但靠的是投放广告获取低价流量，通过打折促销和打造"爆品"提高转化率。它们没有真正接触过客户，没有从 0 开始打造一个直接和客户成交的闭环链路的经验。

第二，"加粉率"（把公域流量导入私域成为微信好友的转化率）较低。电商运营人员经常担心，把粉丝从平台引导到私域会影响平台的成交。因此，他们在"加粉"上的配合度往往比较低。即使电商运营人员愿意配合，"加粉"话术的持续迭代也需要一个过程。目前，行业的平均"加粉率"是 5%，"加粉"成本约为 5 元。这个成本太高了，还有 50%~75%的优化空间。

第三，电商品牌销售采用的是"爆品"逻辑，"爆品"要想获得更多流量，价格往往很不稳定。价格是做私域时最敏感的。电商平台的促销活动频繁，所以价格很难一直固定不变。如果直接把电商品牌的产品线放到私域里，那么很难运营，所以电商品牌必须设计产品线体系。

第四，售后服务体系不完善。公域电商平台的售后服务仅靠客服，并没有完整的服务 SOP，这往往导致复购困难。

6.5　实体店做私域的挑战

线下实体店天然适合做私域。因为做私域其实就是把线下服务和销售流程线上化，甚至私域销售人员每个月的绩效指标，也可以参考该品牌线下实体店导购人员的平均月销售绩效指标。线下实体店做私域主要面对的六大挑战如下。

第一，实体店客流的挑战。在一二类电商品牌的影响下，客户越来越不愿意到店，因此实体店客流是最大挑战。

第二，产品或服务能否和实体店分离。在客户不愿意到店的情况下，如果实体店的产品或服务可以通过快递等形式交付，实体店的业绩就不会受影响，但是如果产品或服务必须在线下交付，实体店的业绩就非常容易受到疫情等因素影响。比如，美容院等线下服务业。

第三，线下实体店严重依赖导购人员的积极性和能动性。导购人员往往认为，做私域是公司的事情，还要额外占用自己的时间，既要学习新工具的使用方法，又不能明显看到业绩提高，因此积极性不高。

第四，对利益分配和绩效机制需要做相应的调整。微信的数据显示，客户下单的高峰期往往是非上班时间，8 点前及 21 点后往往是私域销售的高峰期。但在这时，导购人员已经下班了。如何让他们愿意在非工作时间持续地为客户提供服务呢？

第五，售后服务体系不完善。线下实体店往往只重视售前的服务，而没有完整的售后服务 SOP。在客户有售后需求时，如果实体店不能及时响应和反馈，那么往往会引起客户的负面情绪。

第六，需要考虑品牌连锁店、导购人员和经销商的利益分配。品牌连锁店有大量的实体店，导购人员、经销商做私域可能会对既有利益结构产生影响，故而利益分配就格外有挑战性。

6.6 做B私域的额外挑战

6.4 节和 6.5 节主要从起盘 C 私域的角度介绍挑战，其实如果线上和线下品牌计划起盘 B 私域，那么除了同样需要面对以上挑战，还需要面对做 B 私域特有的挑战，即搭建培训体系、制定科学的分润制度等，而底层的挑战是思维方式的转变，即在 6.2 节中提到的从卖"花钱"逻辑到卖"赚钱"逻辑。

第 7 章

本书收获："我"的私域方案

7

前五章详细介绍了三大类私域（直营型、分销型和线下实体店私域）顶层架构及其方法论，并对实战案例进行了剖析。

学以致用，"我"（主要指一二类电商品牌、品牌连锁店、新消费项目、**传统零售企业**）如何快速做好私域呢？"我"找到了以下最佳实战方案和路径。

前提：无论做哪种私域，一定都是一把手工程，且团队内部的思想要统一（详见 5.5.1 节、5.5.2 节）。

首先，"我"要组建团队（详见 2.1.4 节、6.2 节）。

其次，"我"需要把产品体系私域化（详见 1.1.3 节的"第二个'坑'"、6.1 节的"挑战 3"）。对于产品线单一的品牌来说，"我"可以设计卡策略（详见 5.4.9 节的"（5）产品线单一的品牌如何做私域？"），并基于卡本身设计升卡和裂变策略（详见 4.1.3 节的"5.客户裂变的策略"）；对于产品线较多的品牌来说，"我"可以设计"上新"（详见 5.3.2 节的"2.建立稳定的价格体系"）+"爆款"（详见 5.3.2 节的"6.从小批量定制到规模化'爆款'打造"）策略，甚至还能实现柔性供应链，打造创新的新品上市策略（详见 1.1.4 节）。

7.1　"我"的直营型C私域

"我"可以按照以下步骤做直营型 C 私域。

（1）冷启动（详见 2.2 节）。

（2）运营私域里的微信好友。

"我"可以通过基础促活、游戏促活等方式运营私域里的微信好友（详见 2.3 节）。

"我"要打造 IP（详见 5.2.2 节、5.5.3 节的"1.确定 IP 的输出价值"），特别是创始人自己的 IP（详见 5.1.5 节）。

"我"平常要经营好朋友圈（详见 5.2.1 节），提高内容的生产能力（详见 5.5.3 节的"8.建立内容团队"），甚至与客户共创内容（详见 5.4.6 节）。

"我"要制定回访流程，提供服务（线上案例详见 5.5.3 节的"2.制定私域回访流程"、线下案例详见 4.2.2 节的"2.自然升单：系统性的 SOP"）。

"我"要加强销售属性（详见 2.6.1 节和 2.6.2 节），打造 1 对 1 私聊 SOP（详见 5.5.3 节的"4.制定 1 对 1 私聊的 SOP"）。

（3）沉淀最有价值的 VIP 会员（详见 2.4 节）。

"我"要提供顾问式销售的标准化服务（详见 5.3.2 节的"1.顾问式销售的标准化服务"），甚至多对 1 的小群服务（详见 5.2.3 节的"4.运维 C 和 VIP 会员群"），以及超预期的极致服务（详见 5.1.2 节）。

对于线下实体店来说，极致服务更是打造"爆款"、升单、裂变的核心（详见 4.2.2 节）。

（4）激发微信好友和 VIP 会员（KOC）进行裂变（详见 2.1.3 节、5.2.3 节的"1.VIP 会员转介绍"、5.4.4 节）。

（5）反向拓展渠道。

通过私域，"我"要获取更多线下渠道资源，从而实现批量出货（详见 2.5 节），扩大规模和增加利润（详见 5.4.7 节）。

7.2 "我"的分销型B私域

对于 B 私域模式，"我"可以从战略上二选一，即选择从上往下模式或从下往上模式（详见 3.2.2 节）。同时，"我"还要设计好分钱制度，做好激励（详见 3.3 节）。

"我"可以按照以下步骤做分销型 B 私域。

（1）冷启动。

无论是从 C 中转化（详见 5.3.3 节的"4.成功地把客户 C 转变为加盟商 B"、5.4.8 节、5.6 节），还是直接去招募（详见 5.1.4 节），"我"都要找到想创业且有一定资源的 B。

所以，无论是在线上开，还是在线下开，"我"都要召开招商说明会。

（2）构建 B 私域的闭环。

"我"要构建 B 私域的基础闭环：把半熟人、体验者、C 转化为 B（详见 3.2.4 节）、B 与 C 成交（详见 3.2.5 节）、B 经营其他 B（详见 3.2.6 节）。

强调一下，B 私域的基础闭环适合几乎所有品牌（详见 3.7 节、5.6 节），私域的终局很可能是从下往上模式的 B 私域（详见 3.1.3 节）。

（3）深度为 B 赋能。

"我"要造好势，获取素材赋能销售和招商（详见 3.5 节）。

"我"要准备好培训体系（详见 3.4 节）。

若 B 数量多，则主要靠销售群进行 1 对多赋能（详见 3.4.5 节的"2.销售群运维八条规则"）。

若 B 数量少，则可以利用多对 1 小群进行赋能（详见 5.3.3 节的"2.为加盟商赋能，帮助其做好动销"）。

7.3 "我"的品牌线下连锁店

无论是想开店的电商品牌，还是想快速扩店的门店品牌，都可以通过做 B 私域，创新性地打造"地网"（线下直营店和加盟店）（详见 3.6 节、5.3.3 节的"4.成功地把客户 C 转变为加盟商 B"），以及加盟店赋能体系（详见 5.3.3 节的"1.明确加盟商的最低启动成本""2.为加盟商赋能，帮助其做好动销""3.标准化加盟商服务团队"），让品牌既赚钱又值钱。

7.4　"我"的线下实体店私域

线下实体店私域的本质是直营型 C 私域或者分销型 B 私域（详见第 4 章）。其中，直营型 C 私域是最容易做且最常见的（详见 5.2.3 节、5.3.2 节）；无论客单价和消费频率是高还是低，分销型 B 私域都是业绩最容易呈指数增长的。

7.5　加入"私域研习社"或"私域加速器"

无论是一二类电商品牌、品牌连锁店、新消费项目、传统零售企业，还是个人品牌，如果希望享受私域带来的红利，那么最好的学习方法都是实战和更深度的交流。

为此，本书作者发起了"私域研习社"和"私域加速器"项目。

在加入"私域研习社"后，你可以通过两天一夜的系统性学习，彻底地消化与吸收本书的全部内容，并学到更多延展内容。

在加入"私域加速器"项目后，你可以通过两个月（或三个月）的系统性带教与陪跑，帮助自己的品牌（无论品牌是大品牌、小品牌、线上品牌、线下品牌，还是个人 IP 品牌）从 0 到 1 快速搭建私域，且得到结果。例如，如果你做直营型 C 私域，那么可以快速收获 100 个首批 VIP 会员；如果你做分销型 B 私域，那么可以快速收获 100 个首批 B（分销者或代理商或加盟商）；如果你做线下实体店私域，那么可以快速收获 100 个首批 VIP 会员或 100 个首批 B（含加盟店）。

欢迎你发送自我介绍邮件至 siyuclub@163.com，申请加入"私域研习社"和"私域加速器"项目。

后记

近年来，国家大力扶持新消费，支持创新。这对私域的现在和未来发展都非常利好，因为私域本质上解决的就是品牌营销的问题。同时，国家严控互联网垄断，而各品牌和企业都做自己的私域，势必有助于打破互联网平台的流量垄断局面，更有利于我国的商业健康发展。

从 2021 年开始，国家要在高质量发展中促进共同富裕。我在此诚挚地建议品牌，特别是头部品牌，无论是线上的还是线下的，都可以尝试做分销型 B 私域，给大众提供副业创收机会（让他们真的提高个人收入），同时实现自己品牌的销售业绩指数级增长。在房地产开始去金融属性后，大众的闲置资金不可能都投资到股市、基金里。很多人都想做一些副业，若有机会做自己看好的品牌的分销型 B 私域恰恰是一个很好的选择。

私域是一个高速发展的创新行业，人才需求量大且迫切，但目前缺乏规范、科学的职业人才培养体系。这既是问题，也是机遇。希望本书能成为私域行业人才培养的优质教科书，兼顾专业性和实操性，为行业人才建设出一份力。

本书是我规划的"全域增长书系"的第一本书。关于私域，我坚信"知识就应该普惠"，就应该让更多的人系统性地学习更先进的商业模型。